BASTEI
LÜBBE

René Diekstra, Jahrgang 1946, lehrt an der Universität von Leiden Klinische Psychologie. Er ist verheiratet und Vater von drei Kindern. Er arbeitet in vielen internationalen Organisationen mit, und seine Kolumnen für eine große Tageszeitung in Den Haag finden in den Niederlanden große Zustimmung.

Gary McEnery, ist Psychologe und lebt in Erie, Pennsylvania, wo er auch als Psychotherapeut praktiziert. Er lehrt an mehreren Instituten in den USA, sein besonderes Forschungsgebiet ist die Suizid-Problematik bei Jugendlichen.

Von René Diekstra sind außerdem bei BASTEI-LÜBBE lieferbar:
66294 Pflaster für die Seele
66312 Ein Herz und eine Seele?

René Diekstra/Gary McEnery

Der letzte Ausweg?

Denkanstöße
für Selbstmordgefährdete

Aus dem Niederländischen von
Ursula Zijlmans

BASTEI
LÜBBE

BASTEI-LÜBBE-TASCHENBUCH
Band 66319

Titel der niederländischen Originalausgabe:
JE VERDRIET VOORBIJ. Een gids voor jongeren over zelfmoord
Originalverlag: A.W. Bruna Uitgevers B.V. Utrecht

Lizenzausgabe im Gustav Lübbe Verlag GmbH, Bergisch Gladbach
Printed in Germany, Juni 1995
Einbandgestaltung: K.K.K., Köln
Titelbild: Bavaria, Gauting
Satz: Textverarbeitung Alessandra Schwarz, Köln
Druck und Bindung: Ebner Ulm
ISBN 3-404-66319-X

Der Preis dieses Bandes versteht sich einschließlich
der gesetzlichen Mehrwertsteuer.

Für alle Menschen,
die in ihrem Kummer nur die Nacht sehen.

Inhalt

Brief an die Leser

Mein Kollege, der Psychologe Gary McEnery, und ich trafen uns das erste Mal in New York auf einer Konferenz über Selbstmord. Wie immer bei wissenschaftlichen Kongressen war das, worüber wir in den Pausen miteinander sprachen, mindestens so fesselnd wie die Vorlesungen. So erzählte Gary mir während eines Essens, bei dem wir zufällig nebeneinander saßen, daß sein Wunsch, jungen Menschen, die nicht mehr leben wollen, zu helfen, bereits bestand, als er noch in der Grundschule war. Innerhalb kürzester Zeit hatten zwei Jungen aus seiner Klasse ihrem Leben ein Ende gesetzt.

Ich erzählte Gary, daß meine »Beziehung« zum Selbstmord anfing, als ich eines Abends die Leiche eines jungen Patienten auf der Toilette fand. Ich war 18 und arbeitete gerade zwei Monate als Krankenpfleger in einem psychiatrischen Krankenhaus. Gary und ich hatten damals beide nicht so recht begriffen, was eigentlich genau passiert war. Natürlich wollten wir gern verstehen, warum ein junger Mensch etwas so Unwiderrufliches tun konnte. Wir erinnerten uns beide noch sehr gut daran, wie verwirrt, aber vor allem wie wütend wir waren, daß keiner der Erwachsenen darüber sprechen wollte. Auf Garys Schule hatten sie das Ereignis mehr oder weniger totgeschwiegen. Etwa so: »Wenn du dich umbringst, dann existierst du für uns nicht mehr.« In meinem Krankenhaus war die Reaktion genauso: ein Betriebsunfall, so wenig Worte wie möglich darüber verlieren, das macht nur schlafende Hunde wach, schnell zum Tagesgeschehen übergehen.

Wir empfanden es so, als ab die jungen Menschen, die es doch schwer genug hatten, noch einen Tritt hinterher bekamen. Wenn es schon so war, daß sie unbedacht, impulsiv, zu Unrecht in den Tod gelaufen waren, so gab es um so mehr Gründe, fanden wir, mit anderen jungen Menschen über Selbstmord zu reden. Es war auch sicher kein Zufall, daß wir beide, Gary in Amerika und ich in Holland, unsere Dissertationen über Selbstmord schrieben. In gewisser Weise war das ein Weg für uns, um zu verstehen, was andere uns nicht erklären konnten oder wollten.

Natürlich wissen wir auch nach zwanzig Jahren intensiver Zusammenarbeit mit jungen Menschen noch lange nicht alles über Selbstmord. Was wir wissen, ist, daß es zahllose Menschen gibt, jung und alt, die ihr Leben auf dieser Erde nicht lieben. Ebenso haben wir erfahren, daß es eine große Anzahl Menschen gibt, die an Selbstmord denken. Wir haben auch festgestellt, daß Nachdenken über Selbstmord eine ausgezeichnete Hilfe ist, um herauszufinden, wie man leben will, wie man weiterleben kann, wie man sein Leid überwindet.

Es gibt Menschen, die ihr Leben beenden, ohne ausreichend darüber nachgedacht zu haben. Sie machen sich ihre Lebensumstände nicht richtig klar. Sie handeln einfach, deshalb ist ihr Selbstmord eine Art Unfall. Oft lassen sie Menschen zurück, die ihr restliches Leben lang verzweifelt sind. Ein Kummer löst den anderen ab.

Nicht jeder, der wirklich gut über Selbstmord nachgedacht hat, lebt letztendlich glücklich weiter. Einige Menschen, die sich seit langem mit dem Gedanken an Selbstmord beschäftigt haben, tun es dann schließlich doch. Es ist gut zu wissen, daß sie sich darüber im klaren waren, was sie tun, daß sie nicht deshalb Schluß gemacht haben, weil sie es einfach an irgendeinem Abend nicht mehr aushielten.

Gary und mir ist immer wieder aufgefallen, daß die Menschen, die an Selbstmord denken, oft sehr froh sind, wenn es jemanden gibt, der ganz normal und selbstverständlich darüber sprechen und mitdenken will. Viele der jungen Menschen, mit denen wir gesprochen haben, haben auch anderen geraten, sich darüber auszusprechen. Viele baten uns aufzuschreiben, was wir über Selbsttötung geredet haben, damit sie es ab und zu noch einmal nachlesen und andere darüber etwas erfahren können.

Deshalb dieses Buch. Es enthält eine Menge Gedanken und Empfindungen, mit denen Menschen sich beschäftigen oder befassen sollten, wenn sie ernsthaft über Selbstmord nachdenken. Es ist für junge Menschen bestimmt, die wirklich über den Sinn des Lebens nachdenken und darüber, was sie mit ihrem Leben (noch) anfangen wollen. Und für diejenigen, die sich die Frage stellen, ob sie so weiterleben wollen. Es soll auch denjenigen helfen – Eltern, Lehrkräften, Kollegen, Freunden und Freundinnen, Partnern –, die den jungen Menschen aus ihrem Umkreis helfen wollen, die am Sinn des Lebens zweifeln oder nicht mehr weiterkönnen. Gary und ich wollen mit diesem Buch über Selbstmord aufklären und damit an den gesunden Menschenverstand appellieren. Wir hoffen, daß es dir hilft, persönliche Fragen zu klären, die vielleicht zu den wichtigsten deines Lebens gehören.

Noch eine Warnung vorab. Wenn du das Buch in der Hoffnung liest, eine Antwort zu erhalten auf die Frage, was der Sinn des Lebens ist, dann wirst du sicher enttäuscht sein. Andere, und das gilt auch für uns, können dir nicht sagen, was der Sinn deines Lebens ist. Wir glauben, daß die Frage danach immer eine Frage bleiben wird. Aber damit ist nicht gesagt, daß das Leben, dein Leben, deshalb sinnlos ist. Wenn es dir gutgeht, machst du dir meistens keine Sorgen über die Antwort auf diese Frage. Die meisten Menschen stellen die Frage nach dem Sinn des Lebens gerade zu dem Zeitpunkt, wenn sie leiden, wenn sie etwas quält, wenn es ihnen nicht gutgeht. Und wenn sie dann keine Antwort finden, fühlen sie sich noch schlechter.

Wenn du überlegst, was du mit deinem Leben anfangen sollst, ob du überhaupt noch leben willst, dann mußt du deinen momentanen Lebenszustand erst einmal akzeptieren. Überlege dir, was du verändern könntest, damit du ihn besser annehmen kannst. Du kommst ganz durcheinander, wenn du dir neben all den schwierigen Dingen, gegen die du ankämpfst, auch noch die Frage nach dem Sinn des Lebens stellst. Jede Antwort auf die nicht zu beantwortende Frage ist unbefriedigend und vergrößert deine Seelenqual. Sie beantwortet keinesfalls die Frage, um die es hier geht: »Was willst du (noch) mit deinem Leben anfangen?«

Ein Kollege erzählte mir einmal eine Geschichte, die hier genau dazupaßt. Eine junge Frau beschloß eines Tages, zu einem alten Weisen zu gehen, der in einer Hütte oben in den Bergen wohnte. Sie wollte – so sagte sie – erfahren, was der Sinn des Lebens sei. Der Weise gab ihr einen Stapel Bücher und ließ sie allein, so daß sie nach dem Sinn des Lebens suchen konnte. Jeden Morgen kam er, um zu schauen, wie weit sie vorangekommen war. Er trug einen schweren hölzernen Wanderstock bei sich. Jeden Morgen stellte er ihr dieselbe Frage: »Weißt du nun, was der Sinn des Lebens ist?« Und jeden Morgen gab die Frau dieselbe Antwort: »Nein, so weit bin ich noch nicht.« Der Mann gab ihr dann einen kleinen Klaps mit dem Stock auf den Kopf und verschwand wieder.

Das dauerte Monate. Bis zu dem Tag, an dem folgendes geschah: Der Mann kam in die Hütte, stellte die übliche Frage, erhielt die übliche Antwort und wollte der jungen Frau den üblichen Tick mit dem Stock verpassen. Aber noch bevor er sie berühren konnte, faßte die Frau nach dem Stock, um dem Schlag auszuweichen. Erleichtert, daß die Gefahr vorüber war, aber voller Angst, was nun passieren würde, schaute sie abwartend zu dem Mann. Zu ihrer Überraschung lächelte er.

»Gratuliere«, sagte er, »du fängst an, es in den Griff zu kriegen. Du kennst nun die Antwort auf die Frage, wegen der du gekommen bist.« »Wieso?« fragte die Frau. »Du hast gelernt, daß du niemals eine Antwort auf die Frage nach dem Sinn des Lebens bekommen wirst«, antwortete er. »Und du hast gelernt, den Schmerz abzuwehren.«

Die Absicht dieses Buches ist es, realistische Fragen zu stellen, um realistische Antworten zu finden. So kannst du eine Entscheidung über deine weitere Teilnahme an diesem Leben treffen. Hoffentlich begegnen wir uns mal wieder.

René Diekstra

Vorwort

Selbstmord scheint so logisch zu sein. Niemand, den ich kenne, ist viel älter geworden als achtzig oder neunzig Jahre. Beinahe jeder, der vor 1900 geboren wurde, ist schon gestorben. Es scheint so, daß wir alle sterben sollen. Wenn wir es während unseres Lebens nicht gut haben und wir sowieso sterben müssen, warum – so kann man sich fragen – tun wir es dann nicht gleich?

Selbstmord ist ein unergründliches Phänomen, und niemand weiß alles darüber. Ich habe schon an vielen Kongressen über dieses Thema teilgenommen. Kürzlich sagte auf einem Kongreß einer der bekanntesten Experten: »Wenn Sie mich fragen, warum Menschen Selbstmord begehen, dann ist meine ehrliche Antwort, daß ich es nicht weiß.«

Manchmal denke ich, daß, selbst wenn alle anderen Mysterien ergründet sind, die klügsten Männer und Frauen noch immer auf unserem Planeten herumirren und sich fragen, was Selbstmord eigentlich bedeutet.

Selbstmord verursacht Angst, weil er ein Mysterium ist. Es ist ganz natürlich, daß man Angst vor dem Unbekannten hat, aber die Anziehungskraft des

Unbekannten kann auch sehr stark sein. Darum ist Selbstmord für manche Menschen so faszinierend.

Selbstmord scheint die perfekte Lösung für alle Probleme zu sein. Perfekt bedeutet: »ein für allemal fertig«, »alles erledigt«, »kein Problem mehr« – aber auch darüber hinaus nichts anderes mehr. Keine Möglichkeiten, keine neuen Erfahrungen, keine guten Erlebnisse mehr. So perfekt ist Selbstmord nun auch wieder nicht. Er läßt eine Menge Dinge unerledigt, unversucht zurück.

Nun wollen wir aber anfangen, ernsthaft über den Selbstmord nachzudenken.

Anleitungen zum Lesen des Buches

Dieses Buch ist in mehrere Teile gegliedert, so daß es einfach zu lesen und zu gebrauchen ist. Jeder Teil behandelt einen anderen Aspekt, um sich mit Selbstmord auseinanderzusetzen. Die einzelnen Teile können in willkürlicher Reihenfolge gelesen werden, aber es wird auch immer wieder von einem Kapitel auf das andere verwiesen.

Teil 1
Teil 1 bestimmt den gesamten Tenor des Buches. Die Geschichte in diesem Kapitel versetzt dich hoffentlich in eine nachdenkliche Stimmung. Versuche bitte, sie möglichst entspannt zu lesen und dich vielleicht sogar daran zu erfreuen.

Teil 2
Teil 2 stimmt nachdenklich. Hier wird berichtet, wie du dich vorbereiten mußt, bevor du über Selbstmord nachdenkst; und du erfährst, was du sonst noch tun mußt, außer dieses Buch zu lesen.

Teil 3
Teil 3 enthält einen Test und eine Liste mit wichtigen Fragen. Du mußt alle Fragen beantworten können, wenn du herausfinden willst, wie du über

Selbstmord denkst. Dieses ist das wichtigste Kapitel, und du mußt dich dabei gut konzentrieren.

Teil 4
Teil 4 behandelt die Kardinalfrage: Was bedeutet es eigentlich, Selbstmord zu begehen? Worum geht es eigentlich? Was geschieht, wenn man Suizid begeht?

Teil 5
In diesem Teil geht es darum, was nach dem Denkprozeß kommt. Deine Phantasie wird aufgefordert, Alternativen zum Suizid zu entwickeln. Dieses Kapitel widmet sich der Hoffnung.

Alle Teile sind eigenständig, stehen jedoch in einer engen Beziehung zueinander. Du kannst von einem Kapitel ins andere wechseln, wenn du wissen möchtest, was dieses beinhaltet. Du kannst die Teile lesen, die dich interessieren, und den Rest überschlagen.

Dieses Buch muß nicht in einem Zug hintereinander von vorn bis hinten durchgelesen werden. Wenn du Zeit dazu hast (und Zeit ist vielleicht das Wichtigste, was Menschen besitzen), dann versuche doch, soviel wie möglich von diesem Buch in dich aufzunehmen.

Teil 1

Eine Geschichte über die Ruhelosigkeit

Der Mann war noch nicht alt genug, um an seinem Alter zu sterben. Er war gesund und glücklich. Er hatte sich noch nie etwas gebrochen oder mit einer ernsthaften Krankheit im Krankenhaus gelegen. Er schien genug Geld zu haben, um tun zu können, wozu er Lust hatte. Der Mann war viel gereist und hatte einen großen Freundeskreis. In der letzten Zeit jedoch war ihm aufgefallen, daß sich alle seine Erlebnisse scheinbar wiederholten. Es schien ihm fast so, daß er die Menschen schon kannte, bevor er ihnen begegnet war. Er fand nichts mehr erfrischend, neu oder spannend. Sein Leben schien ihm ausschließlich daraus zu bestehen, sich zu amüsieren und zu unterhalten, bis er alt genug sein würde, um zu sterben.

Er versuchte noch eine Zeitlang, seine Langeweile damit zu vertreiben, daß er Dinge tat, die er noch nie getan hatte. Schließlich erkannte er die Wahrheit des Sprichwortes: »Es gibt nie etwas Neues unter der Sonne.« Daraufhin beschloß er, nicht auf seinen natürlichen Tod im Alter zu warten.

Er war für seine außergewöhnlichen Feste, die er gab, bekannt. Deshalb beschloß er, noch ein letztes Fest zu geben, bevor er Abschied nahm. Er rechnete damit, daß dieses Fest alle bisherigen in den Schatten stellen würde. Er mietete in der Stadt ein leerstehendes Gebäude mit einem großen Flachdach und begann Pläne zu schmieden, wie er seinen Gästen sein Vorhaben mitteilen könnte.

Eines Nachts beschloß er, ein gewaltiges Labyrinth aus Holz auf das Dach zu bauen. Er kündigte seine Stellung und kaufte Holz. Drei Monate arbeitete er an seinem Objekt, nahm sich genügend Zeit dafür und genoß seine Arbeit.

Jeden Tag grübelte er darüber nach, wie er seiner Familie und seinen Freunden erzählen sollte, daß er Abschied nehmen wollte. Seine Besitztümer wollte er weggeben. Seinen besten Freunden würde er schreiben. Schließlich entschied er, seinen Plan auf dem Fest bekanntzugeben und – wenn alles vorüber war – wegzugehen. Seine Gedanken und seine Träumereien vermischten sich mit seiner Bauarbeit auf dem Dach.

Als die Zeit seines Abschieds näherrückte, mußte er schließlich noch ein paar Dinge erledigen. Am Tage des Festes kaufte er 44 Handbälle, die durchs Labyrinth rollen sollten, und eine Pistole. Nach dem Fest würde er dann zum Meer laufen, um den Haien als Futter zu dienen.

Er war vollkommen ruhig und fest entschlossen. Er war glücklich, so viele Freunde und Familienangehörige an seinem letzten Abend um sich zu haben. Aber er hatte große Angst davor, ihnen von seinem Vorhaben zu erzählen. Er fürchtete, daß einige ihn nicht verstehen würden, und er wußte, daß nicht jeder ihn bei seinem Vorhaben unterstützen würde.

Das Fest war ein großer Erfolg. Alle Gäste hatten einen tollen Abend. Der Mann selbst bewegte sich inmitten der Menge von einem zum anderen und genoß die letzten Gespräche mit den Menschen aus seinem engsten Kreis.

Der Zeitpunkt für seine Mitteilung kam näher. Der Mann bat um Aufmerksamkeit und teilte die 44 Handbälle aus. Er forderte seine Gäste auf, die Bälle gleichzeitig in die Startlöcher des Labyrinths rollen zu lassen. Alle verfolgten gespannt, wie die Bälle in den Bahnen aus Holz und Plexiglas entlangrollten. Jede Bahn hatte ihre spezifische Länge und ihren spezifischen Verlauf. Innerhalb von sieben Minuten fielen alle Handbälle, ohne einander zu berühren, durch den einzigen Ausgang aus dem Labyrinth heraus und blieben zu Füßen des Mannes liegen.

Er verwandte das System eines Labyrinths, um zu demonstrieren, daß alle Wege im Leben, wie verschieden sie auch im Ablauf und in ihrer Länge sein mögen, doch unausweichlich am Ende in den Tod münden. Er erzählte seinen Gästen, daß er zum Selbstmord entschlossen sei. Der Ball hätte seine (Lebens-)Bahn durchlaufen.

Da sein Eigensinn bekannt war, wenn er einmal einen Entschluß gefaßt hatte, versuchten diejenigen, die ihn kannten, nicht, seine Meinung zu ändern. Aber einer nach dem anderen sagte ihm nun, wie sehr sie ihn vermissen würden. Viele bedankten sich für die gemeinsam verbrachte Zeit. Die Sympathie und das Mitgefühl, die ihm entgegengebracht wurden, ließen ihn auf einmal an der Richtigkeit seines Entschlusses zweifeln.

Als das Fest vorüber war und alle Gäste weg waren, stand der Mann eine Weile auf dem Dach und schaute über die Stadt. Dann stieg er die Leiter hinunter und ging durch die Gänge und Treppenhäuser ins Erdgeschoß. In dem großen Raum stehend, entdeckte er, daß alle Türen abgeschlossen und die Türklinken entfernt worden waren. Er begriff, daß es jemanden gab, der nicht wollte, daß er ging. Eine Zeitlang dachte er darüber nach, wieso diese Tatsache ihn an sich selbst zweifeln ließ.

Ein Geräusch von Schritten unterbrach die Stille. Es war ein Freund, der sich schuldig fühlte, weil er den Mann seiner Freiheit beraubt hatte. Er war zurückgekommen, um die Türen wieder aufzuschließen und den Mann seiner Wege gehen zu lassen. Die Folge war, daß der Mann noch unsicherer wurde, ob er wirklich sterben wollte. Er nahm seine Pistole und lief zum Meer.

Obwohl er fühlte, daß er vielleicht einen falschen Entschluß gefaßt hatte, ließ sein Starrsinn nicht zu, daß sich sein Denken gewandelt hatte. Stundenlang lief er am Strand entlang, bis der Morgen anbrach. Er war müde vom Feiern und vollkommen erschöpft von seiner stundenlangen Wanderung am Strand. Er wollte endlich allem ein Ende machen, aber er fühlte sich seiner Sache nicht sicher.

Gerade als er sich entschlossen hatte, noch einen Tag zu warten, um sicher zu sein, daß er die richtige Entscheidung getroffen hatte, begegnete er einer Gruppe Motorradfahrern, die die Nacht auf dem Parkplatz einer der großen Strände verbracht hatte. Er lief dicht neben ihnen her, und einer der jungen

Leute machte eine Bemerkung über die Pistole, die er in der Hand hielt. Der Mann begann, mit den Motorradfahrern zu reden, und gegen Mittag war er schon 200 Kilometer mit ihnen mitgereist.

Jahrelang erzählten seine Freunde von der schönen Zeit, die sie mit ihm verbracht hatten, und wie sehr sie wünschten, daß er noch bei ihnen wäre.

Teil 2

Dies ist der Versuch, Selbstmord zu erklären. Für junge Menschen, die nachdenken. Das heißt für Jüngere, die ernsthaft über diese Situation, den Zeitpunkt und die Art und Weise, wie sie sterben möchten, nachdenken. In diesem Buch bedeutet denken: *gut* nachdenken. Und vor allem auch klug denken. Nicht verwirrt, verschwommen oder unsicher denken, was zu falschen Entscheidungen führen kann. Dazu ist Selbstmord eine viel zu ernste Angelegenheit.

Viele Menschen beginnen, über Selbstmord nachzudenken, wenn sie sich physisch und psychisch schlecht fühlen – und vor allem dann, wenn dieser Zustand länger anhält.

Wenn du über einen langen Zeitraum schlecht schläfst, kannst du dich möglicherweise so erschöpft und verzweifelt fühlen, daß du blindlings zu Schlafmitteln greifst und es dir eigentlich egal ist, ob du wieder aufwachst.

Wer lange Zeit Drogen oder viel Alkohol konsumiert hat, kann unter Umständen so abhängig davon werden, daß er in bestimmten Situationen dazu neigt, eine Überdosis oder eine gefährliche Kombination von Suchtmitteln zu sich zu nehmen. Dazu kommt noch, daß übermäßiger Alkohol- und Drogenkonsum zwischenmenschliche Probleme hervorrufen kann.

Auch wer ständig ungesund lebt und ißt, kann sich auf Dauer so schlecht fühlen, daß er nach einer radikalen Lösung sucht, um diesen Zustand zu beenden.

Menschen, die anhaltend depressiv sind, können sich oft nicht mehr vorstellen, daß es ihnen jemals wieder bessergehen wird. Der Gedanke an Suizid liegt dann häufig nahe.

In all diesen Fällen kann kaum von einer realistischen Betrachtungsweise des Selbstmords die Rede sein.

Man muß gut ausgeruht sein, nicht gehetzt oder durch Drogen beeinflußt. Wenn man müde, durchgedreht, angespannt oder depressiv ist, dann kann man nicht nachdenken. Und nicht nur das, diese seelischen Zustände können schon die Ursache dafür sein, daß man an Selbstmord denkt. Oft sogar sind Verwirrtheit oder Depression eine Ursache für die Sehnsucht nach dem Tod.

Der Entschluß nachzudenken ist gut, denn dann kannst du dich genügend vorbereiten. Verschiedene Dinge sind nicht zu ändern, aber du kannst dich zwingen, darüber nachzudenken. Wenn du müde bist, kannst du dich ausruhen, wenn du Drogen nimmst, mußt du damit aufhören, so lange, bis du klar denken kannst. Wenn du unter irgendeiner starken Belastung stehst, solltest du dich davon freimachen, um gründlich über Selbstmord nachzudenken.

Energie

Schlafen

Angenommen, du bist verwirrt, müde, erschöpft. Du kannst unmöglich etwas tun, geschweige denn denken, wenn du in so einem Zustand bist. Es gibt sicher viele Gründe, weshalb du dich so fühlst. Vielleicht bist du nur müde, weil du nicht genug Schlaf bekommen hast. Kein Problem: Schlafe dich aus! Aber versuche nie, dich zum Selbstmord zu entschließen, wenn du müde bist.

Echter Schlaf ist eine Frage der Zeit und der Ruhe. Du mußt lang genug schlafen, und du mußt gut schlafen. Gut schlafen heißt: ohne Unterbrechung und regelmäßig. Damit du ruhig wirst und nachdenken kannst, mußt du versuchen, so lange zu schlafen, bist du von selbst wach wirst (ohne Wecker, Eltern, Brüder, Schwestern oder Freunde, die dich wecken).

Wenn du zehn oder zwölf Stunden hintereinander geschlafen hast, besagt das noch nicht, daß du auch gut geschlafen hast. Wenn du so lange schläfst, hast du es wahrscheinlich nötig, weil du ein Defizit hast. Das Defizit ist die Folge von zu spätem Zubettgehen oder unterbrochenem Schlaf. Lange in einem Stück durchzuschlafen, ist nicht die richtige Art und Weise auszuruhen.

Eine Nacht nicht zu schlafen, ist schlecht für deine Ruhe und Klarheit. Es geht um die Regelmäßigkeit. Wichtig ist auch, daß du aufstehst, wenn du wach wirst. Niemals liegenbleiben, nie einnicken. Nicht ab und zu wach werden und erneut wieder einschlafen. Einige Nächte hintereinander gut und tief schlafen, gibt dir die Energie, um klar denken zu können.

Wenn du so viel zu tun hast, daß du nicht genug Schlaf bekommst (oder nicht ausreichend guten Schlaf), dann mußt du dir mal ein paar Tage freinehmen und es ruhiger angehen lassen. Erst dann kannst du gründlich über dein Leben und Selbsttötung nachdenken. Die Jüngeren werden sagen: »Ich kann mich nicht freimachen. Ich muß zur Schule. Ich habe nur zu Weihnachten oder in den Frühlings- oder Sommerferien frei.« Dieses Buch soll jungen Menschen Hilfestellung bei ihren Selbstmordgedanken geben. Wenn du das Buch liest, weil du dich mit Selbstmordgedanken beschäftigst, dann ist es ganz unwichtig, wann die nächsten Ferien sind. Das soll nicht entscheidend sein. Wenn du im Augenblick freie Zeit brauchst, so nimm sie dir. Die Frage, um die es geht, ist wichtig genug.

Gut ausgeruht sein, und das mußt du, um klar denken zu können, ist wichtig. Sorge dafür, daß du ein paar Nächte wirklich gut schläfst. Wenn das nicht gelingt oder wenn du nicht genügend Schlaf gehabt hast, um ausgeruht und klar denkend zu sein, nimm dir frei – dir zuliebe. Wenn du unüberlegt deine Selbsttötung beschließt, ist dein Terminkalender sowieso wertlos. Wenn du dich also freimachen mußt, dann ist jetzt der richtige Moment dazu.

Sollten deine Schlafprobleme andauern, dann kannst du auch Hilfe bei einem Arzt oder Psychologen finden.

Essen

Wenn du verwirrt bist, müde und erschöpft, dann kommt das vielleicht nicht nur vom Schlafmangel. Es kann auch sein, daß du zu wenig Energie hast, weil du nicht gut genug ißt. Das bedeutet nicht, Hunger zu haben, Hunger stillst du schnell, indem du dich vollstopfst. Viele stillen ihren Hunger mit Süßigkeiten, Pommes frites, Chips oder typischer »Junkie-Nahrung«. Wenn du matt und lustlos bist, liegt das vor allem an der falschen Ernährung. Nicht am Essensmangel.

Körperliche Gesundheit ist wichtig für dein Denken. Regelmäßiges Essen und vollwertige Nahrung sind wichtig für ein gesundes Gehirn. Ausgewogenes Essen steht sicher nicht an erster Stelle auf deiner Liste wichtiger Dinge.

Aber sieh es mal so: Das Gehirn ist ein Teil deines Körpers, und schlechte Ernährung schadet ihm ebenso wie jedem anderen Körperteil. Wenn dein Gehirn an Nahrungsmangel leidet, weil du dich nicht richtig ernährst, dann kannst du auch nicht klar denken.

Vieles weist darauf hin, daß eine Verbindung zwischen Vitaminen und Energie besteht. Präparierte Nahrung, wie Cornflakes aus der Tüte, Kristallzucker und Automatenessen, enthält zu wenig Vitamine. Solche Nahrungsmittel stillen wohl den Hunger, aber nähren nicht. Dein Gehirn hat ausgewogene Ernährung (Obst, Gemüse, Vollwertkost usw.) nötig, um perfekt zu funktionieren. Wenn dein Gehirn die nötige Energie haben soll, um ernsthaft über Selbstmord nachdenken zu können, braucht es ausreichend Nahrung, um vollkommen »aufgeladen« zu sein.

Chemisches Gleichgewicht und Depression

Du hast vielleicht schon mal gehört, daß Menschen an einem Wespenstich gestorben (oder fast gestorben) sind – und von anderen, denen Wespenstiche kaum etwas ausmachen. Der Grund dafür ist eine biochemische Reaktion. Es gibt keine zwei charakterlich sowie auch äußerlich gleich veranlagte Menschen. Jeder hat seine ganz spezielle chemische »Zusammensetzung«. Manche können Alkohol trinken und genießen es ohne Reue. Andere werden schon nach ein oder zwei Gläsern stockbetrunken. Das ist keine Frage von Gut oder Böse, von Tugend oder Untugend. Es hat einzig und allein mit dem Gleichgewicht der chemischen Stoffe in deinem Körper zu tun. Kein Wunder, wenn du bedenkst, wie sehr sich dein Körper verändert, vor allem in Perioden schnellen Wachstums: große Füße, lang aufgeschossen, Pickel, zu mager, zu dick. Dein biochemisches Gleichgewicht kann gestört sein. Das kommt von innen heraus. Hormone, Drüsen, Adrenalin; all die chemischen Vorgänge beeinflussen deine Stimmung. So kann es sein, daß du dich durch eine zeitweilige Depression miserabel (wertlos, hilflos, müde, gelangweilt, enttäuscht und bereit zum Selbstmord) fühlst, weil das biochemische Gleichgewicht fehlt. Diese Phase kann dein Körper möglicherweise während des Wachstums durchmachen. Wie lange dauert »zeitweilig« oder »vorübergehend« eigentlich? Wer kann einem das sagen? Jeder hat sein spezielles chemisches Gleichgewicht, das mancher jedoch nicht von selbst erreicht.

Psychiater, mehr noch als Psychologen, sind darauf spezialisiert, das gestörte chemische Gleichgewicht herzustellen, das die Ursache für die Probleme ihrer Patienten ist. Wenn dies für dich zutreffen könnte, solltest du das mal überprüfen lassen. Wenn du aus Depressionen heraus an Selbstmord denkst, ohne das eigentlich geplant zu haben, dann kann die Wiedererlangung deines biochemischen Gleichgewichts dich davon befreien.

Du darfst jedoch keine schnellen Wunder erwarten. Kein einziger Arzt kann deinen chemischen Zustand ad hoc bestimmen. Um eine richtige Lösung für dich zu finden, sind oft wochenlange Versuche notwendig. Möglicherweise fühlst du dich sehr eigenartig bei den Versuchen, dein chemisches Gleichgewicht herzustellen. Vielleicht helfen dir auch bestimmte Medikamente. Wenn deine Selbstmordpläne durch ein gestörtes chemisches Gleichgewicht verursacht werden, dann kannst du es nicht mit Wünschen, Denken oder Hoffen wiedererlangen. Überlege dir gut die verschiedenen Möglichkeiten und sprich mit einem Arzt!

Um festzustellen, ob du Depressionen hast, findest du im folgenden einen Test. Du mußt bei jeder Frage angeben, wie oft die genannten Erscheinungen bei dir vorkommen.

Am Ende zählst du die Punktzahlen zusammen. Die ermittelte Zahl gibt an, in welchem Maß du depressiv bist.

Das Ergebnis kannst du folgendermaßen interpretieren: *Weniger als 25 Punkte* bedeutet, daß du nicht wirklich depressiv bist. Dein Gleichgewicht ist nicht gestört, du bist vermutlich traurig, weil du etwas Unangenehmes erlebt hast.

Sollte der Test ergeben, daß du an einer Depression leidest, solltest du zu einem Arzt oder Psychologen gehen.

Erklärungen zum Test

Im anschließenden Test stehen verschiedene Fragen, die mehr oder weniger auf dich persönlich zutreffen. Das »mehr oder weniger« kannst du bestimmen, indem du eine der vier Zahlen nach jeder Frage ankreuzt. Versuche herauszufinden, wie es dir in letzter Zeit gegangen ist.

		fast nie	manch-mal	oft	immer/ fast immer
1.	Ich fühle mich traurig und niedergeschlagen.	1	2	3	4
2.	Morgens fühle ich mich am besten.	4	3	2	1
3.	Ich habe Weinkrämpfe oder möchte weinen.	1	2	3	4
4.	Ich schlafe schlecht.	1	2	3	4
5.	Ich esse genausoviel wie früher	4	3	2	1
6.	Ich habe genausoviel Lust auf Sex wie früher.	4	3	2	1
7.	Ich glaube, daß ich abnehme.	1	2	3	4
8.	Ich habe schlechten Stuhlgang.	1	2	3	4
9.	Ich leide unter Herzklopfen.	1	2	3	4
10.	Ich bin ohne Grund müde.	1	2	3	4
11.	Ich bin geistig genauso wach wie vorher.	4	3	2	1
12.	Ich glaube, daß ich alles genauso meistere wie früher.	4	3	2	1
13.	Ich fühle mich gehetzt und kann nicht stillsitzen.	1	2	3	4
14.	Ich sehe der Zukunft mit Vertrauen entgegen.	4	3	2	1
15.	Ich bin viel nervöser als früher.	1	2	3	4
16.	Es fällt mir leicht, Entscheidungen zu treffen.	4	3	2	1
17.	Ich habe das Gefühl, man braucht mich.	4	3	2	1
18.	Mein Leben ist voll ausgefüllt.	4	3	2	1
19.	Ich glaube, daß es besser wäre, wenn ich tot wäre.	1	2	3	4
20.	Ich habe genausoviel Spaß an allem wie früher.	4	3	2	1

Zähle nun alle Antwortzahlen zusammen. Multipliziere deine Summe mit 100 und teile diese Zahl durch 80. Zum Beispiel:

Deine addierten Zahlen ergeben 45. Dann ist deine Endzahl 45 x 100: 80 ≈ 56. Weiter unten kannst du dein Ergebnis lesen.

25 bis 45:

Eine niedrige Zahl bedeutet nicht, daß du keine Probleme hast. Wahrscheinlich bist du traurig, aber diese Niedergeschlagenheit ist nicht einem gestörten chemischen Gleichgewicht anzulasten. Möglicherweise ist es gut, wenn du mit jemandem über deine Schwierigkeiten sprichst.

45 bis 55:

Du befindest dich genau zwischen zwei Kriterien. Es ist bei dir nicht deutlich erkennbar, ob es um ein gestörtes chemisches Gleichgewicht geht oder ob deine Depressionen aus dem, was du in letzter Zeit erlebt hast, herrühren. Um sicherzugehen, würde ich mit einem Arzt oder einem anderen Sachverständigen über deine Probleme sprechen.

55 bis 100.

Es ist nicht mit hundertprozentiger Sicherheit zu sagen, aber es besteht die Möglichkeit, daß es sich bei dir um eine durch eine chemische Störung verursachte Depression handelt. Es ist anzuraten, so schnell wie möglich mit deinem Hausarzt zu sprechen und zu diesem Gespräch den ausgefüllten Fragebogen mitzunehmen!

Suche dir einen Tag aus, um zu deinem Arzt in die Sprechstunde zu gehen. Wenn du es schrecklich findest, im Wartezimmer zu sitzen, dann denke daran, daß du unter all den Menschen mit ihren Erkältungen der einzige bist, der eigentlich »todkrank« ist, für den es höchst notwendig ist, Hilfe zu bekommen.

Wenn du an der Reihe bist, gehe hinein. Der Arzt wird dich fragen, womit er dir helfen kann. Versuche ihm klarzumachen, daß du dich so elend und kaputt fühlst, daß du daran denkst, deinem Leben ein Ende zu setzen. Sage ihm, wie wichtig es für dich ist, dieses jemandem anzuvertrauen.

Gib ihm ein Beispiel, was an den vergangenen Tagen geschehen ist. Zum Beispiel: »Ich sitze schon drei Tage lang alleine zu Hause« oder »Ich habe keine Lust mehr zu essen und kann nicht mehr schlafen« oder »Ich sammle Tabletten …« Der Arzt wird darauf eingehen oder, weil viele Patienten warten, eine Zeit mit dir vereinbaren, um weiter mit dir zu sprechen. Es kann aber auch sein, daß er dich sofort an einen Psychiater oder Psychologen überweist.

Es ist sicher lästig, die ganze Geschichte noch einmal zu erzählen, aber denke daran, daß es Spezialisten ihres Faches sind, daß sie fähig sind, dir zu helfen.

Ein anderer Weg, um jemanden für ein Gespräch zu gewinnen, wäre, ihm dieses Buch zu empfehlen. Dann wird der Leser genau begreifen, worum es eigentlich geht.

Und nach etwas: Sorge dich nicht, wenn jemand dir deine Pläne ausreden oder die Ausführung verhindern will. Überlege dir, daß niemand solche Macht über einen anderen haben kann. Wenn es darauf ankommt, bestimmt jeder selbst, was er will. Du bist dein eigener Chef.

Die meisten Menschen sind zu befangen und schämen sich, ihre Selbstmordgedanken einzugestehen und nach einem Gespräch zu suchen. Wenn du ernstlich an Selbstmord denkst, werden alle anderen Dinge unwichtig. Mit anderen Worten: Es wird immer unwichtiger, wie andere Menschen über dich denken. Aber wenn dir das nichts ausmacht, dann ist es viel einfacher, einen Gesprächspartner zu finden.

Du hast unter vielen Menschen die Auswahl. Manche geben dir gratis Rat, andere kosten viel Geld. Einige sind vielleicht alt und andere vielleicht in deinem Alter. Einige wohnen vielleicht weit weg, und zu deinem Erstaunen wohnen andere ganz in deiner Nähe. Du mußt sie dir selbst suchen. Sozialhelfer, Pfleger, Psychologen, Psychiater, Pastoren, Onkel und Tanten, Freunde, Geschwister, oft sogar deine Eltern – alle können in Frage kommen. Am wichtigsten ist es, daß du jemanden findest, der dir wirklich helfen will.

Du brauchst dir keine »Predigt« anzuhören. Wenn dir jemand nicht zusagt, dann bedanke dich und suche weiter. Es kann sehr frustrierend sein und lange dauern, aber es lohnt die Mühe, jemanden zu finden, der mit dir zusammenarbeiten will (jemand, zu dem du ganz ehrlich sein kannst). Und gib die Suche nicht auf, bis du mit einem Arzt gesprochen hast. Ärzte sind meist überlaufen, aber wenn du erst einmal Kontakt zu ihnen hast, zeigt sich, daß sie oft gute und sachverständige Gesprächspartner sind.

Mit anderen über Selbstmord sprechen

Du bist nicht allein. Jedes Jahr versuchen Tausende von jungen Menschen, sich das Leben zu nehmen. Das ist bei weitem noch nicht die Zahl derer, die nur mit dem Gedanken spielen. Wer kann sagen, wie viele es sind? Natürlich geschieht es nicht immer aus denselben Gründen. Irgendwo gibt es jemanden, der genauso darüber denkt wie du, zumindest ungefähr so. Vielleicht gab es vor zwei oder auch zwanzig Jahren jemanden, der so dachte wie du und nun doch noch lebt ...

Es gibt sicher viele, die wie ich junge Menschen in dieser Situation gekannt haben, mit ihnen gesprochen und nachgedacht haben. Wir wissen, daß kein Mensch einem anderen genau gleicht. Die Gründe, aus denen heraus er an Selbstmord denkt, gelten nur für ihn allein. Alle haben ihre höchstpersönlichen Motive.

Es ist schwierig vorauszusehen, ob du je Selbstmord begehen wirst und wie du es dann machst. Das ist eine ganz einsame Tat. Vielleicht ist es sogar die

Einsamkeit, die dich dazu bewegt, sterben zu wollen. Mehrere Personen lasen dieses Buch, bevor es erschien, und wollten dann mit mir über neue Gedanken und Ideen sprechen, die ihnen beim Lesen gekommen waren. Sie wollten gemeinsam lesen und darüber nachdenken.

Schon jahrhundertelang gibt es Menschen, die geschrieben haben, wie gut es wäre, wenn man über Selbstmord sprechen könnte, ohne sogleich kritisiert oder als verrückt erklärt zu werden. Es ist wirklich nicht unmöglich, jemanden zu finden, mit dem man sprechen kann. Du bist nicht allein! Es gibt Menschen, die wissen oder wissen wollen, was du durchmachst. Die Frage ist, wie du sie findest. Es ist sicher schwierig, aber nicht unmöglich.

Aber es ist nicht leicht, denn auf einen, der bereit ist, mit dir über deine Probleme zu reden, kommen wahrscheinlich zwanzig, die alles daransetzen werden, dir deine Selbstmordgedanken auszureden. Das bedeutet aber nicht, daß du mit allem allein bist, wenn du es nicht willst. Du mußt eben die Geduld haben, lange genug nach einem Gesprächspartner zu suchen.

Ein klarer Kopf

Wußtest du, daß Gehirnuntersuchungen gezeigt haben, daß unser Gehirn aus zwei Hälften besteht? (Eine rechte und eine linke Hälfte.) Jede Hälfte

»denkt« anders. Die linke ist der »logische« Teil, der sich mit Organisieren und Argumentieren beschäftigt. Diese Seite brauchst du auch für die schulischen Aufgaben wie Lesen und Schreiben. Rechts ist das kreative Gehirn, das für Träume und Phantasien sorgt. Diese Seite brauchen Erfinder und Künstler.

Manche Menschen glauben, daß sie am besten denken können, wenn sie unter dem Einfluß von Alkohol oder Drogen stehen. Sicher kann das manchmal zutreffen. Viele klärenden Gedanken kommen aus einem Zustand des veränderten Bewußtseins. Diese Art von Denken kommt von der rechten Gehirnhälfte. Drogen reizen das »rechtsseitige« Denken, so scheint es wenigstens. In Wirklichkeit jedoch fördert Entspannung das rechtsseitige (kreative) Denken. Einige Menschen entspannen sich, wenn sie unter Drogeneinfluß stehen. Entspannung hilft dem rechtsseitigen Denken, weil das linksseitige »gesperrt« wird und damit chemische Stoffe freigesetzt werden, die die rechte Hälfte aktivieren. Einige Menschen können die rechte Hälfte ohne Alkohol und Drogen beeinflussen. So haben sie ohne chemische Stoffe dennoch eine reiche Phantasie. Das ist toll und sehr ökonomisch. Und doch arbeitet immer nur eine Hirnhälfte. Und die Denkarbeit, die nötig ist, um richtige Entscheidungen zu treffen, benötigt die volle Mitarbeit des gesamten Gehirns, beider Gehirnhälften. Sowohl logisches als auch kreatives Denken wird benötigt.

Stell dir einmal vor, daß du zu einem gewissen Zeitpunkt aufgeputscht bist. Vielleicht hast du ein paar Bierchen getrunken, einen Joint geraucht oder irgend etwas anderes genommen. Du fängst an, über Selbstmord zu phantasieren. Aber zwischen Phantasieren und Denken ist ein großer Unterschied. Diese Erläuterungen über Selbstmord sind für denkende junge Leute geschrieben. Wenn du über Selbstmord phantasierst – und deshalb liest du dieses Buch –, dann mußt du deine Selbstmordpläne auf ein »Denk«-Niveau bringen, um alles übersehen zu können. Alkohol und Drogen beseitigen Hemmschwellen und behindern den Denkprozeß. So etwas Endgültiges wie Selbstmord sollte nur unter den allerbesten geistigen Voraussetzungen geplant werden. Drogen, Alkohol und vernünftiges Denken passen nicht zusammen. Wenn du also davon beeinflußt bist, solltest du den Gedanken an Selbstmord besser aufschieben.

Vielleicht greifst du nicht so oft zu Drogen oder Alkohol. Vielleicht nur an Wochenenden. Dann sollte es nicht so schwer sein, deinen Kopf frei zu machen für die echte Denkarbeit. Wenn du öfter betäubende Mittel (wozu natürlich auch Alkohol gehört) nimmst, wird es nicht so leicht sein. Einige chemische Stoffe bleiben noch im Körper zurück, wenn der Rausch längst vorüber ist, und es ist dir nicht möglich, vernünftige Gedanken zu fassen. THC, der chemische Stoff in Marihuana, der dich high macht, scheidet der Körper erst nach Wochen aus. Das heißt nicht, daß du die ganze Zeit nicht denkfähig bist, aber es ist sicherer, eine gewisse Zeitlang keinen Joint zu rauchen oder andere Mittel einzunehmen, bevor du dich mit dem Gedanken an Selbstmord befaßt.

Falls du Betäubungsmittel durcheinandernimmst (z. B. Alkohol und Marihuana), dann ist es sicher schwer, den Kopf für ein ernsthaftes Nachdenken über Selbstmord klar genug zu bekommen. Erst wenn du diesen Lebensstil aufgibst, wirst du begreifen, was er eigentlich angerichtet hat. Nach einer Weile verlierst du den Kopf, und das bleibt so, auch wenn du zwischendurch aufhörst. Du bist gewissermaßen halb betäubt. Es ist eine wahnsinnige Zeit, aber sie ist nicht günstig, um klar nachzudenken. Du mußt erst deinen Körper wieder von den chemischen Stoffen befreit haben, bevor du dich mit dem Thema Selbstmord beschäftigen kannst.

Das wird für »unverbesserliche Konsumenten« nicht so einfach sein, denn die Zeit, in der die Drogeneinnahme gestoppt werden muß, scheint immer viel zu lang. Aber ewig ist noch viel länger, und der Tod dauert ewig.

Entspannung

Lebst du vielleicht unter Druck? Auch das ist kein günstiger Ausgangspunkt für klares Denken. »Unter Druck« kann verschiedenes bedeuten. Dir wird von allen Seiten zugesetzt, du kommst mit deiner Arbeit nicht nach, jemand behindert dich, »drückt« dich unaufhörlich. Vielleicht sind es die Eltern, die Schule, Freunde. Und so geht es weiter. Eine seelische Belastung. Du grübelst darüber nach. Druck bringt dich ziemlich durcheinander. Oft beeinflußt er dein gesamtes Tun. Sogar wenn du nicht daran denkst. Druck und Spannungen treiben Menschen zu übereilten Entscheidungen. Gerade diese Anspannung kannst du nicht gebrauchen, wenn du an Selbstmord denkst. Du kannst nur logisch denken, wenn du den Druck loswirst. Der seelische Druck ist oft gerade die Ursache dafür, daß man Selbstmordgedanken hegt.

Daß du unter Druck stehst, geschieht oft dadurch, daß du versuchst, dich mit anderen gutzustellen. Du willst die Erwartungen des anderen erfüllen, selbst wenn du nicht direkt dazu bereit bist oder deine eigenen Erwartungen ganz andere sind. Wenn Lehrer, Eltern, Freunde oder Familienmitglieder erwarten, daß du in allen Schulfächern eine Zwei bekommst, du selbst das aber nicht so wichtig findest, dann stehst du schon unter Druck. Der Druck wird noch größer, wenn jemand sagt: *»Du kriegst fünf Mark, wenn du ...«* oder: *»Ich gebe dir hundert Mark, wenn du ...«* oder: *»Du bekommst ein neues Moped, wenn du ...«*

Noch schlimmer, wenn derjenige sagt: »Du bist dumm, wenn du nicht ...« oder: »Wenn du das nicht tust, frag' ich mich, was dann aus dir noch werden soll ...« oder: »Du kapierst doch, daß du dir deine eigene Sache verdirbst, wenn du ...« Wenn dir der, der so etwas sagt, nicht so wichtig ist, dann ist der Druck natürlich nicht zu groß. Dann macht es dir nicht viel aus, was man von dir erwartet. Aber wenn du denjenigen gern hast, beziehungsweise gut mit ihm auskommen willst, verstärkt das den Druck.

Ein bißchen Druck ist nicht so schlimm. Man erledigt seine Pflichten sogar besser. Der Druck zu gewinnen im sportlichen Bereich läßt uns mehr leisten. Druck kann das Leben aufregend machen. Druck kann eine Herausforderung sein. Zuviel Druck jedoch kann einen Menschen verrückt machen, deine Energie lähmen. Zuviel Druck kann bewirken, daß du weniger leistest anstelle von mehr. Es kann sogar so weit kommen, daß du aufgeben willst. Durch Druck kannst du oft nicht mehr kühl, ruhig und abwägend denken. In unserem Fall mußt du kritisches Denkvermögen entwickeln, um dich mit den Gedanken über Selbstmord zu befassen. Dafür ist es notwendig, den Druck zeitweise abzulegen. Viele nehmen Betäubungsmittel, um ihn loszuwerden. Das ist eine wirksame, bequeme Methode. Im Grunde löst das natürlich die Probleme nicht – sie werden eher schlimmer –, aber es hilft sicher zeitweise. Einen Abbau des Drucks brauchst du, aber es ist ganz wichtig, daß dies ohne Alkohol oder Drogen geschieht, denn sonst kannst du nicht klar denken.

Um zu erreichen, daß du zeitweise den Druck loswirst, ist es wichtig, daß du nicht versuchst, ihn gewaltsam zu beseitigen. Glaube ja nicht, daß der

Druck nach der Befreiung ein für allemal weg ist. Ein gewisser Druck soll bleiben, denn Druck ist ein Teil des Lebens. Du kannst ihm aber ausweichen, wenn du ihn eine Zeitlang von dir weghältst, zum Beispiel eine Stunde oder einen Abend. Eine Art »time out« wie beim Volleyballspiel.

Während dieser Zeit entziehst du dich dem Druck, was für eine Art von Bedrückung es auch sein mag – wie Zeitdruck, Arbeitsdruck oder der Zwang, jemand zu sein. Die meisten Menschen sind dazu fähig, einen lästigen Druck lange genug beiseite zu schieben, um nachdenken zu können, wenn sie begriffen haben, daß die Unterbrechung zeitlich begrenzt ist.

Nimm dir Zeit zum Entspannen, denk daran, daß der Druck nicht weg ist – nur im Moment beiseite geschoben. Später kannst du ihn ja wieder »annehmen«. Doch jetzt mußt du ihn eben wegschieben, um ohne Ablenkung denken zu können. Entspanne dich, atme tief durch!

Spannung

Spannung ist wie hohe Geschwindigkeit auf der Autobahn. Du kommst schnell voran, und es kann deinen Tod bedeuten. Es ist unmöglich, ohne Spannung zu leben, und es ist möglich, mit zuviel Spannung zu leben. Es gibt Menschen, die sagen, daß der Tod der einzige Zustand ohne Spannung ist.

Spannung ist nötig (körperliche und geistige), um im Leben zu bestehen und sich weiterzuentwickeln. Spannungen treiben den Menschen dazu, aktiv zu sein, zu handeln, sich selbst zu akzeptieren. Es ist nur eine Kunst, nicht überspannt zu werden, und es ist wichtig, daß du dich selbst gut genug kennst, um den Spannungspegel so zu halten, wie er zu dir paßt. Du könntest das als dein ideales Niveau bezeichnen.

Um mit einem gewissen Spannungsniveau umgehen zu können, ist es wichtig zu erkennen, wann die Gefahr besteht, daß deine Spannung zu hoch wird. Die Warnzeichen von Überspannung sind bei jedem verschieden. Deshalb mußt du dich selbst gut kennen. Einige der üblichen Anzeichen sind Zorn, Schwermut, fehlende Energie, Grübelei, schlechter Schlaf und verwirrte Gedanken. Je besser du diese Warnsignale erkennst, desto besser kannst du deine »Spannungen messen«, bevor der Druck zu hoch wird.

Du mußt dir zuerst klarmachen, daß irgend etwas nicht in Ordnung ist: *»Mein Gott, was bin ich in letzter Zeit doch müde!«*

Und dann mußt du herausfinden, warum das so ist: *»Das ist nun schon die dritte Nacht, in der ich nicht schlafen kann, und ich habe noch so viel im Haus zu tun, und das Fußballtraining macht mich ganz kaputt.«*

»Wenn ich so überlege, glaube ich nicht, daß ich das schaffe, und dann bekomme ich wieder schlechte Laune, dann schnauze ich grundlos jeden an. Oder

ich werde wieder krank. Oder ich verlasse die Fußballmannschaft.«

Oder – und – und – oder … Dann mußt du etwas unternehmen: *»Ich muß versuchen, etwas zu ändern, bevor die Spannung zu groß wird. Ich sollte irgendwo anders schlafen, wo es ruhiger ist. Oder sehen, daß mir jemand bei meiner Hausarbeit hilft. Oder das Training mal auslassen, um mich etwas zu erholen. Oder … oder … oder. Alles, was mir die Kraft gibt, Herr meines Spannungspegels zu bleiben.«*

Das ist ein einfaches Beispiel, aber so gelingt es oft. Manchmal ist die Sache komplizierter, aber das Muster stimmt.

Bewußtwerden der Überspannung	→	Bestimmung der Ursache	→	Aktion oder Ablenkung

Aktion, also Handlung, bedeutet, daß du an der Ursache der Überbelastung was tust, anders ist das nicht möglich. Wenn aber zum Beispiel jemand dadurch beeinträchtigt wird, daß er (oder sie) fast zwei Meter lang ist, dann ist daran nichts zu ändern, dann muß man eine Ablenkung suchen. Das ist die Alternative gegen Grübeln. An bestimmten Symptomen von Überbelastung, wie Grübeln oder Ärger, hast du nicht viel, weil sie nichts ändern. Wenn du zwei Meter lang bist, dann hilft es dir nichts, wenn du darüber nachgrübelst oder dich ärgerst, weil das nichts ändert.

Dann ist Ablenkung das beste Mittel. Denke an etwas anderes als an deine eigene Länge. Humor kann dir viel helfen. Sich selbst darüber lustig machen (oder Basketball spielen) hilft vielleicht, denn es ist völlig sinnlos, deine Länge zu verstecken oder sich derer zu schämen. Dies ist sicher ein simples Beispiel, aber es zeigt, worum es geht.

Leider realisieren viele Menschen nicht, wann sie in Schwierigkeiten geraten. Sie weichen stark ab von ihrem »idealen Niveau«, ohne daß sie es merken und etwas dagegen tun, und dann wird die Sache erst recht kompliziert. Und wenn es erst mal kompliziert geworden ist, dann ist es sehr schwierig, die eigentliche Ursache der Überspannung zu erkennen. Es laufen zu viele Dinge gleichzeitig verkehrt. Es stapeln sich zu viele Schichten von Überbelastung aufeinander. Deshalb ist es nicht ungewöhnlich, daß jemand traurig ist, aber nicht weiß warum, und wütend ist, ohne daß ein Grund dafür vorliegt.

Je länger du dich in einem Zustand zu hoher Spannung befindest, desto wahrscheinlicher ist es, daß du nicht von selbst wieder herauskommst. Es ist, als ob mehrere Wellen über dir zusammenschlagen. Du kannst einen Moment lang nicht Atem holen. Und wenn die nächste Welle über dir zusammenschlägt, bevor du wieder zu Atem gekommen bist, dann steht es schlecht um dich. Dann brauchst du einen Freund, der dich aus dem Wasser zieht. Wenn deine seelische Not so groß ist, daß du nicht mehr in der Lage bist herauszufinden, was sie verursacht hat, dann rate ich dir, deine Lieblingstante zu besuchen, deine Großmutter vielleicht oder eine Verabredung mit einem Sozialhelfer zu treffen. Jedenfalls brauchst du einen Freund oder eine Freundin.

Du mußt dich selbst gut genug kennen, um rechtzeitig die Ursachen deiner seelischen Not zu erkennen und umzuschalten auf »action« oder Ablenkung. Es ist gut, sich selbst kennenzulernen. Es handelt sich darum festzustellen, wie du funktionierst und wie du auf Menschen und Situationen reagierst. Du mußt rechtzeitig bremsen, bevor die Spannung zu hoch wird. Willst du mehr darüber wissen, dann lies das Buch »Pflaster für die Seele«. Es hat mir (dem Autor) und offenbar vielen anderen auch in dieser Hinsicht geholfen. Es sagt dir, wie du das in den Griff kriegst. Lies es vom Anfang bis zum Ende. Du wirst es gut finden, dich besser kennenzulernen.

Einleitung zu Teil 3

Wie ich am Anfang schon sagte, scheint Selbstmord die perfekte Lösung für alle Probleme. Nicht nur, daß du mit einem Schlag alle Sorgen los bist, sondern auch alle Probleme, die jemals noch auftauchen könnten. Er ist vollkommen, weil er so endgültig ist. Schade ist nur, daß er - weil er so vollkommen ist - alles aus dem Weg räumt, nicht nur deine Probleme. Auch Dinge, die überhaupt keine Probleme sind, auch die schönen! Schöne Erlebnisse, die du vielleicht noch haben könntest, wovon du jedoch jetzt noch keine Ahnung hast, werden nicht geschehen. Deshalb ist Selbstmord so grausam. Selbstmord ist eine ernste Angelegenheit, weil er so vollkommen ist, so endgültig! Wenn du bei der Erwägung deines Suizids nicht konzentriert bist, dann kannst du schnell zu einem falschen Entschluß kommen. Wenn dein Entschluß darauf hinausläuft, nicht Selbstmord zu begehen, dann kannst du später immer noch deine Gedanken überprüfen und ändern.Wenn du dich jedoch dafür entscheidest, dann mußt du dir absolut sicher sein, daß du die richtige Entscheidung getroffen hast. Selbstmord ist das Ende.

Wenn du alles richtig machen willst (denke bitte daran, daß dies Erläuterungen für *nachdenkende* junge Menschen sind, und es gibt eine richtige und eine falsche Art, die Sache anzupacken), dann mußt du ganz klar denken. Auch nur mit den Gedanken an einen möglichen Selbstmord zu spielen, erfordert einen klaren Kopf. Das heißt: gut ausgeruht sein, nicht unter Drogen und auch möglichst nicht unter Druck stehen. Ich weiß, daß das viel verlangt ist, aber es ist auch außergewöhnlich wichtig. Selbstmord ist nichts für jedermann. Und wenn du dir nicht vollkommen sicher bist, die richtige Entscheidung nicht treffen kannst, dann brauchst du Zeit zum Überlegen, um dir klarzuwerden. Die Entscheidung, letztlich zu sterben oder weiterzuleben, ist die allerwichtigste Entscheidung, die du jemals treffen mußt.

Denke hierüber noch einmal nach. Das gelingt nur unter den besten Voraussetzungen. Es ist wichtig, daß du dich in den richtigen geistigen Zustand versetzt, um sicher zu sein, daß du sorgfältig nachdenkst. Nimm dir ruhig Zeit dazu. Vielleicht hast du nichts anderes, aber Zeit ganz bestimmt. Bereite dich vor, um alles richtig zu machen. Sorge dafür, daß du Ruhe hast, daß du klar und entspannt bist. Das ist der Mühe wert.

Teil 3

Die hier folgende Frageliste ist in drei Abschnitte gegliedert:

1. Bis hierher
2. Was übrigbleibt
3. Abschied nehmen

Jeder Abschnitt soll dir helfen herauszufinden, wie du im Leben stehst und ob Selbstmord der richtige Weg ist. Die Fragen klingen manchmal vielleicht etwas vage oder verwirrend. Oft meinst du, sie wiederholen sich. Es ist sehr schwer, Fragen zu stellen, wenn man nicht weiß, wie die Antworten lauten werden. Spätere Fragen hätte ich vielleicht weglassen können, wenn ich wüßte, wie du die ersten beantwortest. Es ist wichtig, daß alle Fragen so umfassend wie möglich beantwortet werden. Ziehe Beispiele heran. Nenne möglichst viele Einzelheiten!

Wir wollen nun mit Abschnitt 1 anfangen.

Bis hierher
(oder: Wie es eigentlich anfing)

Weißt du genau,
wie du dich fühlst? ja / nein

Kannst du dein Gefühl
beschreiben? ja / nein

Wenn deine Antwort JA lautet, dann beschreib sie so gut wie nur möglich. Keine Antworten, die nur aus zwei bis drei Wörtern bestehen, wie: »schlecht wie immer«. Schreibe ausführlich und genau auf, wie du das Gefühl empfindest! Gib dir Mühe!

Auch wenn du mit NEIN geantwortet hast, solltest du es doch versuchen.

Weißt du, wann du das bestimmte
Gefühl das erste Mal hattest? ja / nein

Wenn deine Antwort JA lautet, dann sage, wann (tue es ausführlich: In welcher Klasse warst du? Wie alt warst du? Was geschah zu dieser Zeit?).

Auch wenn du mit NEIN geantwortet hast, mußt du dennoch versuchen, dich zu erinnern.

Wie lange hast du dieses
Gefühl schon?

Weißt du, wie es anfing, was
dieses Gefühl auslöste? ja / nein

Was war es?
(Schreib soviel, wie du kannst, darüber.)

Wenn deine Antwort NEIN war, versuche dich an diese Periode zu erinnern.

Warum und wie begann es, daß du
an Selbstmord dachtest?

Wodurch wurde das Gefühl
stärker oder schlimmer?
Kannst du dich erinnern,
ob du damals bestimmte
Probleme hattest? ja / nein

Wenn möglich, nenne die Probleme.

Kannst du eine Beschreibung deiner Probleme geben, die du jetzt hast? ja / nein

Stelle eine ausführliche Liste von den Problemen zusammen, die du jetzt hast.

O.k., das genügt fürs erste.

Das Ziel dieses Frageabschnittes ist es, deine jetzige Lebenssituation zu beschreiben. Vieles hängt natürlich damit zusammen, was du erlebt hast. Grüble in diesem Stadium einmal nicht darüber nach, was das für einen Sinn ergibt.

Wenn du den ersten Abschnitt gut durchdacht beantwortet hast, dann hast du jetzt eine Pause verdient. Mache dir klar, wie wichtig es ist, dir hierzu ausreichend Zeit zu lassen und sehr sorgfältig und durchdacht zu antworten. Du wirst auch feststellen, daß du manche deiner anfänglichen Antworten verändern oder noch etwas dazufügen willst, wenn du weitergelesen und nachgedacht hast. Du kannst ruhig deine anfänglichen Antworten ändern, wenn du es für nötig hältst.

Wenn deine Gedanken zur Ruhe kommen, hilft dir das, klar zu denken. Mit anderen Worten: Es ist ein guter Gedanke, ab und zu mal nicht nachzudenken. Geh dann ein Stück spazieren oder joggen oder tu irgendetwas für deinen Körper, etwas »Gesundes«. Du wirst dich gleich besser fühlen, um weiterzumachen. Man soll etwas für den Körper tun! Ein guter Kreislauf und genügend Sauerstoff nützen dem Gehirn. Auch Schlaf. Es macht deshalb nichts aus, wenn du denkst, daß es für heute reicht. Es kann gut sein, daß du für den ersten Abschnitt einige Tage brauchst, um es gründlich zu machen.

Wenn du nun ausgeruht, klar im Kopf und entspannt bist, können wir weitermachen.

Dieser Abschnitt der Frageliste erfordert ernsthafte Denkarbeit. Wenn du nicht ausgeruht, klar im Kopf und entspannt bist, dann mußt du dir auf jeden Fall die Zeit nehmen, dies zu erreichen. In Teil 2 haben wir dazu Anregungen gegeben: Energie zu erlangen, deine Gedanken zu sammeln und überhaupt zur Ruhe zu kommen.

Weiter nun zu Abschnitt 2 der Frageliste:

Was übrigbleibt

Erstelle eine Liste der Dinge, die du ersehnst und gern machen würdest. Denke an das, was dein Leben ausmacht: Schule, dein Zuhause, Arbeit, Familie, Freunde, Entspannung (Sport, Spiel, Ferien) usw. Sicher findest du noch einige zusätzliche Themen.

Was ist das Beste, was du in Zukunft machen kannst in irgendeinem Bereich deines Lebens? Worauf kannst du dich freuen?

Beispiele:

Das Beste an der Schule werden deine Freunde sein. Das Beste zu Hause ist das eigene Zimmer. Das Beste deiner Freizeit ist vielleicht ein Wettkampf oder eine Party, eine Wanderung durch den Wald, Schwimmen oder Segeln im Sommer oder ein Mountain-Bike, das man dir versprochen hat.

Laß deine Phantasie schweifen. Versuche dir vorzustellen, daß du noch eine Weile leben würdest. Was würdest du gern noch machen? Vielleicht eine Liebesbeziehung aufbauen? Einen bestimmten Job haben? Ein eigenes Haus? Ein Kind? Denk doch mal daran, wie du sein würdest, wenn du alt bist. Was hast du dann, worauf du dich freuen kannst? Nicht mehr arbeiten oder zur Schule gehen zu müssen?

Genug Geld zum Reisen zu haben? Im eigenen Boot um die Welt reisen? Ein Buch schreiben? Eine politische Partei gründen? Kleine Kinder haben? Laß dir genügend Zeit, um hierüber nachzudenken. Mach eine Pause, wenn du das brauchst. Wenn du meinst, daß es gut für dich ist, nimm dir einen ganzen Tag dafür frei. Nimm dir zu allem Ruhe. Denke stets daran: Selbst wenn du sonst nichts hast, Zeit hast du jedenfalls noch. Beantworte alle Fragen, die ich dir stellte, und denke dir selbst noch welche aus.

Das Ziel dieses Abschnittes war es, herauszufinden, ob es noch etwas in deinem Leben gibt, worauf du dich freuen kannst, etwas, was nicht aufhören darf. Wenn du an Selbstmord denkst, dann ist es sehr wichtig, daß du dich fragst, ob du nicht doch noch Zukunftsträume hast. Darauf komme ich später noch zurück. Erst noch der dritte Abschnitt der Frageliste.

Wichtig ist, daß du jeden der drei Abschnitte der Frageliste gut und durchdacht beantwortest. Es ist empfehlenswert, jeden Abschnitt, nachdem du ihn beantwortet und bedacht hast, noch einmal durchzulesen. Du kannst dann nachtragen, was dir dazu noch eingefallen ist. Wenn du nicht genau weißt, wie du dich fühlst oder was du denkst, dann ist es schwierig, dir gegenüber ehrlich zu sein. Man braucht Zeit, um die Sache gut auszuloten. Es ist Konzentration dazu nötig, um das Bild komplett zu machen. Es ist auch wichtig, daß jeder Abschnitt vollständig beantwortet wird. Beschäftige dich so lange damit, bis nichts mehr hinzuzufügen ist.

So weit, so gut. Wenn du nun eine Pause eingelegt hast und ausgeruht, klar denkend und entspannt bist, können wir zum Abschnitt 3 übergehen.

Abschied nehmen

Ein schwieriges Kapitel. Wenn du ergründen willst, ob der Tod das ist, was du wirklich willst, dann ist ein wichtiger Teil dieser Frage schon dadurch zu beantworten, wie leicht du Abschied nehmen kannst. Mit anderen Worten – wenn du wirklich weißt, daß du für immer genug hast von allem, allen Menschen und Ereignissen aus der Vergangenheit, der Gegenwart und der Zukunft, dann sollte es nicht zu schwer sein, davon Abschied zu nehmen.

Es ist schwer, dir klarzumachen, daß dir letztlich nichts mehr übrigbleibt, als dieses Buch durchzuarbeiten. Die wahre Probe aufs Exempel wird das echte Abschiednehmen sein. Aber wir wollen vorläufig erst einmal beim imaginären Abschiednehmen bleiben. Orte, Menschen und Erlebnisse beinhalten alles. Nimm dir für die drei folgenden Listen Zeit – deine bevorzugten Orte, Menschen und Erlebnisse. Vergiß diejenigen, die du nicht magst oder die dir gleichgültig sind, aber denke daran, diejenigen zu berücksichtigen, an die du gute Erinnerungen hast oder mit denen du gern Kontakt hättest.

Beispiele:

Orte, wo du glücklich warst, sind vielleicht Wälder, das Schwimmbad, die Kirche, das Haus von

Freunden, deine Straße, dein Zimmer, die Bibliothek oder dein Lieblingsplätzchen unter einem Baum oder am Wasser.

Deine »Spezies« sind all diejenigen – Eltern, Freunde, Verwandte oder Kollegen –, mit denen dich schöne Erinnerungen verbinden. Es sind meistens Menschen, die nicht dazu beigetragen haben, daß du dich mit dem Gedanken an Selbstmord befaßt. Denke daran, daß du niemanden ausläßt, weil du im Moment Schwierigkeiten mit ihm hast. Erinnere dich an die guten Zeiten. Ein Teil des Abschiednehmens ist vielleicht das »Dankeschön«.

Das bedeutet, daß du auch diejenigen nicht vergessen darfst, mit denen du im Augenblick keinen Kontakt mehr hast.

Haustiere sind keine Menschen, obwohl sie oft wichtiger als Menschen sind. Vergiß sie deshalb nicht! Und vergiß auch nicht die Haustiere anderer, wenn du sie magst oder liebhattest. Tiere sind oft die besten Partner im Leben eines Menschen.

Stelle auch eine Liste von den Aktivitäten oder Erlebnissen auf, die du liebtest, wie zum Beispiel Fußballspiele, Hochzeiten, Theateraufführungen, Angeln, Schlittschuhlaufen, Tanzen, herrlich Tratschen mit Freunden. Alles, was zur »guten alten Zeit« gehört.

Mache nun die Aufstellung.

Orte	*Menschen*	*Erlebnisse*

Wie findest du es, die »gute alte Zeit« wieder hervorzuholen? Wenn es dir gefällt, dann wirst du verstehen, wie gern sich alte Menschen an die schönen Augenblicke ihres Lebens zurückerinnern. Viele alte Menschen leben nur noch in der Vergangenheit.

Nun kommt der Abschnitt über das *Abschiednehmen.*

Erlebnisse

Von Erlebnissen Abschied zu nehmen ist nicht so schwer. Denn sie sind Vergangenheit. Du hast keine Wahl mehr. Sie waren einmal.

Schwieriger ist es, sich von Dingen zu trennen, die noch existent sind. Sport ist etwas, was bleibt. Vielleicht erinnerst du dich an ein bestimmtes Fußballspiel. Der Wettkampf ist nun schon Geschichte geworden, aber in Zukunft gibt es noch mehr Wettkämpfe. Sportliche Betätigung, Disco oder Tanzabende, Theaterstücke und Club- oder Schulaktivitäten bleiben. Von all den Dingen würdest du Abschied nehmen müssen.

Denke auch daran, daß es Dinge gibt, die noch kommen werden und die du noch nicht erlebt hast. Examensfeste, der Sieg in einem Wettkampf, Heirat, Beruf, eine weite Reise, eine Bergbesteigung. Das sind nur einige Beispiele. Es klingt sicher seltsam, Abschied zu nehmen von Ereignissen, die noch nicht passiert sind. Und doch ignorierst du das, und darum klappt es wohl. So mußt du dich von allem verabschieden, von der Vergangenheit, von der Gegenwart und von der Zukunft.

* * *

Orte und Plätze

Es ist ein wenig schwerer, sich von Orten und Plätzen zu verabschieden. Um diesen Test richtig zu beantworten, mußt du einmal einen imaginären Streifzug zu allen bevorzugten Orten machen, die auf deiner Liste stehen. Später, wenn du wirklich weiterhin an Selbstmord denkst, mußt du die Plätze auch aufsuchen. Aber das kommt später noch. Die Absicht bei deinen imaginären Reisen ist, festzustellen, was du fühlst, wenn du davon Abschied nimmst.

Es ist wichtig, Abschied nehmen zu können, um sicher zu sein, daß man definitiv seine Lieblingsplätze entbehren kann. An jedem Platz muß man sagen können:

»Liebe(r) Freund(in), du hast mir viel bedeutet. Ich weiß noch gut, daß ich hier war, als ... (denke hier an bestimmte Ereignisse). Vielleicht komme ich nie mehr hierher zurück. Gut, daß es dich gab.«

Mache es jetzt. Unternimm eine imaginäre Fahrt zu allen Plätzen, wo du gerne warst, und sprich mit ihnen, wie ich es hier vorschlage. Und laß dich von den Empfindungen, die du dann hast, ganz durchdringen.

Das ist sicher eine sehr anstrengende Aufgabe. Wenn du dich jetzt nicht ausgeruht, geistig klar und entspannt fühlst, solltest du nicht weitermachen, sondern pausieren. Der Rest des Testes liegt bereit, wenn du dafür aufnahmefähig bist.

* * *

Die schwierigste Aufgabe ist, Abschied von Freunden oder anderen Menschen zu nehmen, die du liebtest. Diejenigen, die dich gleichgültig lassen, sind unwichtig. Ehe du weißt, was du mit deinem Selbstmord willst, mußt du wissen, was du von all den für dich besonderen Menschen möchtest. Was du (noch) mit ihnen vorhast.

Die Absicht dieser Übung ist, daß du im Geist alle diese Menschen aufsuchst. Später, wenn du dich noch intensiver mit dem Gedanken an Selbstmord beschäftigen willst, mußt du noch genauer abwägen, wie du dich verabschiedest. Nun mußt du im Geiste bei ihnen sein und sagen:

»Liebe(r) Freund(in) (oder: liebe Mama, lieber Papa). Ich war glücklich bei dir. Ich erinnere mich gern an die Zeit, in der wir zusammen waren. (Die Augenblicke des Zusammenseins auch genau aufführen.) Ich bin dankbar für die Tatsache, daß es dich gab.«

Suche in Gedanken alle die Menschen auf, die es gut mit dir meinten, und frage dich, ob du sie verlassen willst. Was empfindest du dann? Schreibe deine Empfindungen auf.

Bedenke – manchmal weckt jemand, der dir wichtig ist, auch Zorn und Frustration bei dir. Zum Beispiel, weil du nicht die Liebe, Aufmerksamkeit oder Reaktion bekommen hast, die du erwartetest. Sage demjenigen dann in Gedanken, was dich stört, worüber du dich ärgerst – und notiere auch das wahrheitsgemäß.

* * *

Ehe wir weitergehen, müssen wir erst noch einen anderen Aspekt des Abschiednehmens behandeln. Denke einmal daran, wie sie vermutlich auf deinen Tod reagieren werden, vor allem an die Menschen, denen du ungern Kummer bereiten möchtest.

Selbstmord ist eigentlich etwas Geheimnisvolles. Die Menschen verstehen es nicht. Menschen, die gut zu dir waren, können sogar zu unschuldigen Opfern deines Todes werden. Sie werden sich fragen, inwieweit sie sich mitschuldig gemacht haben. Jemandem, den man liebt, möchte man meistens nicht unnötig Schmerz zufügen.

Wenn du vielleicht nur Rache nehmen willst, dann ist Selbstmord nicht das richtige Mittel. Es gibt kein einziges Problem zwischen Menschen, das das Opfer deines Todes wert ist.

Wenn es Menschen betrifft, die dir wichtig sind, dann mußt du dich darauf vorbereiten, auch wirklich Abschied von ihnen zu nehmen, anstatt es nur imaginär zu tun. Denn sonst würde dein Tod nichts anderes bedeuten als die Vergrößerung des Leides in dieser Welt.

Leider verüben viele Menschen (ohne nachzudenken) Selbstmord und nehmen sich oft nicht die Zeit, persönlich von anderen Abschied zu nehmen. Einige schreiben vielleicht noch einen Brief, aber das ist meistens für einen oder zwei bestimmte Menschen gedacht. Und außerdem: Solche Briefe geben meistens keine Erklärung. Oft machen sie die Fragezeichen (die Probleme) für die Hinterbliebenen nur noch größer.

Wenn du einmal zum Selbstmord entschlossen bist, dann ist ein ganz persönliches Gespräch die offenste und ehrlichste Art, Abschied zu nehmen. Wenn du fühlst, daß du das auf keinen Fall über dich bringst, dann ist ein Brief die Alternative. Der Vorteil eines Briefes ist, daß du ihn vorher schreiben kannst, ohne daß deine Familie oder andere wissen, was du planst. Der Nachteil ist, daß die anderen keine Chance mehr haben. Dein Tod kann auch ihr Leben für immer zerstören. Natürlich kann es auch vorkommen, daß du so böse auf sie bist, daß das deine Absicht ist, eben deine Rache! Aber wenn es Menschen deines engsten Kreises sind, willst du das sicher nicht.

Schreibe allen Menschen auf deiner Liste einen Brief über deine Selbstmordpläne. Dabei mußt du folgendes beachten:

1. Ob du solche Abschiedsbriefe schreiben kannst, ist abhängig von deiner Bereitschaft, ernsthaft und klar über Selbstmord nachzudenken. Bedenke alles gut und schreibe alles nieder, was du sagen willst oder mußt (auch deinen Zorn und deine Rachegefühle).

2. Was du den Menschen schreibst, kann ihnen sehr helfen, wenn es soweit kommen sollte. Mit ande-

ren Worten – dein Brief kann ihnen ihre Schuldgefühle nehmen (wenn du das willst). Vergiß nicht, daß Selbstmord etwas Unbegreifliches ist. Menschen, die du kanntest, werden ratlos sein, wenn du nicht mehr da bist.

3. Es geht darum, solche Briefe zu Papier zu bringen, nicht unbedingt, sie abzuschicken. Briefeschreiben ist aus zwei Gründen von großer Wichtigkeit: Du wirst dir klarer, denkst vernünftiger, vor allem, wenn du dir Zeit läßt und es mit Sorgfalt tust. Mit den Menschen, die du magst, nimmst du so gedanklich Verbindung auf, auch wenn du die Briefe niemals abschickst.

Das veranlaßt mich zu einer letzten Bemerkung über das Abschiednehmen. Stell dir vor, daß du zum Selbstmord entschlossen bist, daß es keinen mehr gibt, um dessen Meinung du dich kümmerst.

Die sympathischste Art ist, unter vier Augen von Menschen Abschied zu nehmen, die du nicht verletzen willst. Wenn du das nicht tust, werden sie sich fragen, was sie für dich hätten tun können oder ob es vielleicht ihre Schuld ist. Sich von ihnen zu verabschieden würde ihnen auch die Möglichkeit geben, von dir Abschied zu nehmen.

Selbst wenn du Angst hast, daß sie dir deine Pläne ausreden werden, kannst du mit ihnen sprechen. Vielleicht eröffnen sie dir Ideen, Alternativen, mit denen du nicht gerechnet oder an die du nicht gedacht hast. Und das ist gut so, wenn du eine wirklich durchdachte Entscheidung treffen willst. Es wird dir helfen, Fehler zu vermeiden. Warum solltest du Angst haben, mit anderen über deine Selbstmordgedanken zu sprechen, wenn du alles gut abgewogen hast? Genieße ihre Gesellschaft bei diesem Gespräch über deine Selbstmordabsichten und sprich dich deutlich darüber aus, was dich bewegt.

Folgerungen ziehen

Das ist für mich der schwierigste Augenblick beim Schreiben dieses Buches. Es ist ein Aufklärungsbuch für junge Menschen über Selbstmord. Aufklärung ist noch keine Antwort. Die Zukunft kann nicht vorausgesagt werden. Ich kann nur Anleitungen geben, den Weg weisen, Fragen stellen. Der denkende Leser muß seine Folgerungen selbst daraus ziehen. Du allein kannst die wichtigen Entschlüsse fassen.

Wir wollen uns jetzt einmal die Ergebnisse des Tests aus Teil 3 ansehen.

Mache dir klar, wie du dich fühlst und wie es dazu gekommen ist.

Das war das Ziel des ersten Teils des Testes. Wenn du begreifst, daß du mit Problemen ringst, dann gibt es vielleicht andere Lösungen dafür als Selbstmord. Du hast vielleicht nicht richtig danach gesucht. Wenn du in einen Sog geraten bist, mußt du auch wieder herauskommen können. Unter dem Strich gab es eine Periode in deinem Leben, ehe du an Selbstmord dachtest, die deinem Leben Inhalt gab, und deshalb muß es auch möglich sein, das Gefühl wiederzuerlangen, daß das Leben noch Wert hat.

Wenn du wirklich keine deutlichen Ursachen herausfinden und du deine Gefühle nicht richtig erklären kannst, wenn das Leben an sich dein Problem ist und du damit abgerechnet hast, dann scheint dir Selbstmord wahrscheinlich die letzte Lösung zu sein. Ehe du nun weitergehst, mußt du einmal versuchen, aus dem Grunde deines Herzens zu sagen:

»Ich habe genug davon, so zu leben.«

»So will ich nicht weiterleben.«

Was hast du gemacht?

Hast du es laut gesagt? Hast du es herausgeschrien? Kannst du das? Dann tu es! Schrei laut! Jetzt. Und weine, wenn du das Bedürfnis hast.

* * *

Meinst du das wirklich? Tut dir der Hals weh vom Schreien? Glaubst du selbst, was du sagst?

Achte mal auf den Unterschied zwischen:

»So will ich nicht weiterleben.«

und:

»Ich will nicht länger leben. Ich will sterben.«

Auch wenn du ernsthaft an Selbstmord gedacht hast und deine Gefühle und Probleme deutlich beschrieben hast, hast du vielleicht doch noch nicht alle Möglichkeiten erwogen, um sie zu lösen oder deine negativen Empfindungen umzuwandeln. Wenn du deine Gefühle nicht beschreiben kannst und das Hauptproblem das Leben an sich ist, dann ist es möglich, daß alles hoffnungslos scheint. Wenn du das Gefühl hast, daß es hoffnungslos ist, dann bist du jetzt vielleicht überreizt.

Lies auf alle Fälle Teil 5. Wage es, bis zum Ende durchzuhalten!

Der zweite Teil des Tests in Teil 3 befaßte sich damit, was übrigbleibt, das heißt, wofür man weiterlebt. Wenn du zu diesem Abschnitt im Test etwas geschrieben hast, dann nimm dir die Zeit, ruhig abzuwägen, ob es sich lohnt, dafür weiterzuleben. Wenn du nur mit Mühe Dinge findest, wofür es sich lohnt zu leben, dann wird es schwierig für dich. Es sei denn, du konzentrierst dich ganz auf die Dinge, für die du weiterleben willst. In Teil 5 findest du im Abschnitt »Träume« eine Menge Vorschläge, wie du deine Aufmerksamkeit auf Dinge richtest, die dir Freude machen können.

Der dritte Teil des Tests beschäftigte sich mit dem »Abschiednehmen«.

Wenn es schwer und emotionell war, als du versuchtest, dich von geliebten Menschen zu verabschieden, dann beantwortet das die Frage, wieviel Zeit du noch mit ihnen verbringen willst. Auch wenn es ziemlich einfach war, in Gedanken von ihnen Abschied zu nehmen, so mußt du dir mal vorstellen, was es bedeutet, wenn es dann ernst wird. Die Menschen und Plätze, an denen du hängst, sind viel wichtiger als alles andere, was dich jemals auf den Gedanken an Selbstmord gebracht hat. Wenn du nicht Abschied nehmen kannst, beziehungsweise es dir sehr schwer wird, dann mußt du eben doch noch länger bei ihnen bleiben.

Du solltest dir vielleicht wirklich die Zeit nehmen, etwas länger an geliebten Plätzen oder bei Menschen zu bleiben. Vielleicht kannst du beides verbinden.

Aber selbst dann, wenn du wirklich Abschied nehmen willst, mußt du dich gut darauf vorbereiten. Du mußt gerne Abschied nehmen. Wenn du es ungern tust, dann befindest du dich wahrscheinlich doch auf dem für dich falschen Weg. Nimm dir ausreichend Zeit, so viel von deiner »Lebens«zeit, wie du glaubst nötig zu haben. Auch wenn du nichts mehr hast, Zeit hast du immer noch. Wenn du auch nur noch zehn Minuten oder zehn Tage hast, so kann das die wichtigste Zeit sein, die du jemals hattest. Nutze die Zeit. Verwende sie gut. Vergiß nicht, wie endgültig Selbstmord als Lösung von Problemen ist. Er ist das absolute Ende. Halte dir das immer vor Augen.

Einleitung zu Teil 4

Ungenügendes Nachdenken und mangelnde Überlegung haben bei Selbstmord schon oft schlimmes Unglück verursacht. Viele sterben zufällig, und einige bleiben für immer geschädigt, oft behindert.

Es ist anzuzweifeln, ob die Statistiken über Selbstmord stimmen. Wenn die Zahl von Selbstmorden anhand der »bewiesenen« Fälle festgestellt wird, dann muß die Zahl der tatsächlichen Suizide natürlich viel größer sein. Es gibt viele Sterbefälle, wo man nicht beweisen kann, daß es Selbstmord war. Wenn man bedenkt, wie viele »Unfälle« in Wahrheit Selbstmorde sein könnten, dann ist die echte Selbstmordzahl viel größer. Wie viele tödliche Unfälle sind keine echten Unfälle? Wenn jemand mit hundert Stundenkilometern gegen einen Baum oder ins Wasser rast, ist das dann wirklich ein Unfall? Wie viele Menschen sind tot, weil sie aus dem Fenster stürzten? Haben sie alle ihr Gleichgewicht verloren? Wie viele sind hinausgesprungen? Wer kann das mit Gewißheit sagen?

Dann gibt es noch eine Möglichkeit. Einige Menschen sterben »aus Versehen«, ohne daß sie es wirklich wollen. Nimm zum Beispiel eine gewisse

Mieke, die Streit mit ihrem Freund hatte. In der Schule lief es nicht so gut. Und das Verhältnis zu ihren Eltern ließ auch zu wünschen übrig. Eines Tages hatte sie schulfrei und schlief morgens aus. Es war ein langweiliger, regnerischer Tag, und sie gammelte im Haus herum. Am Abend versuchte sie, ihren Freund anzurufen. Aber er war nicht zu Hause. Seine Eltern sagten, er würde zurückrufen, wenn er wieder da wäre. Um Mitternacht hatte er noch nicht angerufen. Sie war allein im Haus. Sie hatte niemanden, mit dem sie reden konnte, und sie war nicht müde genug, um schlafenzugehen. Sie dachte ständig nur an ihren Freund und die Schulprobleme. Sie konnte sich auf kein Buch konzentrieren, nicht einmal auf das Fernsehen. Sie wußte nicht, was sie tun sollte. Sie wollte eigentlich nur richtig gut schlafen und am nächsten Tag wieder fröhlich wach werden. Morgen würde sicher alles wieder besser sein.

Nachdem Mieke eine ganze Anzahl Schlaftabletten (von ihrer Mutter) genommen hatte, um sicherzugehen, daß sie schlafen konnte, versuchte sie noch einmal, ihren Freund anzurufen, bevor sie zu Bett ging. Und wirklich, er war da! Später begriff er, daß mit Mieke etwas nicht in Ordnung war, weil ihre Stimme so fremd klang. Sie sprach unzusammenhängend und verwirrt; sie murmelte irgend etwas. Er rief die Nachbarn an und alarmierte den Rettungswagen. Sie pumpten Mieke den Magen aus. Die Ärzte sagten, es sei ein mißglückter Selbstmordversuch. Aber Mieke sagte, daß sie wirklich nicht sterben wollte. Sie wollte nur zur Ruhe kommen. Ihre Probleme vergessen. Einmal eine ganze Nacht durchschlafen. Wenn sie gestorben wäre, wäre das ein Unfall gewesen?

Manche Menschen leben nach einem mißglückten Versuch weiter. Sie haben zum Beispiel Narben an den Handgelenken, die sie daran erinnern, daß ihr mißglückter Selbstmordversuch nicht gut durchdacht war. Viele, die eine Überdosis Schlafmittel nehmen, überleben. Manche liegen Wochen und Monate im Koma.

Es gibt Menschen, die aus großer Höhe heruntergesprungen sind. Sie haben es überlebt und sitzen nun im Rollstuhl.

Einige bleiben sogar mit schweren Schußverletzungen am Leben. Viele sind später froh, daß sie noch leben. Aber darum geht es hier nicht. Der Punkt ist, daß sie ohne Narben, Gehirnschäden oder Behinderungen leben könnten, wenn sie alles besser durchdacht hätten.

Unfälle passieren nun mal. Sie sind die Folge einer schlechten Vorbereitung. Eilige, unvollkommene, undurchdachte Vorbereitungen verursachen Unfälle. Junge Menschen, die denken können, müssen nicht »aus Versehen« sterben. Es kann sogar geschehen, daß sie andere mit in den Tod nehmen, wie dieser schreckliche Zeitungsbericht zeigt:

Ein Mann tötete einen spielenden Jungen bei seinem selbstmörderischen Sprung vom Dach

Den Haag (ANP) – Ein siebenjähriger Junge aus Den Haag ist Samstagnachmittag im Stadtteil Bouwlust ums Leben gekommen. Er wurde vom Körper des dreiundzwanzigjährigen F.E. zerschmettert, der aus einer Wohnung sprang. Das hat die Polizei aus Den Haag am Sonntag bekanntgegeben.

Der Kleine spielte nichtsahnend mit Freunden an der Vorderseite des Gebäudes. Plötzlich wurde er vom Körper eines Mannes umgerissen, der von einem hochgelegenen Balkon sprang. Der Junge war sofort tot. Der Mann erlag kurze Zeit später im Krankenhaus seinen Verletzungen.

Quelle: de Volkskrant, 22. Oktober 1990.

Teil 4

Um diesen Teil zu verstehen, solltest du erst den Abschnitt »Chemisches Gleichgewicht und Depression« in Teil 2 lesen.

Teil 4 enthält viele unbeantwortete Fragen, weil man nie wissen wird, was Tote dachten und fühlten, als sie starben. Jedoch kannst du diese Frage vielleicht auf deine eigene Weise beantworten. Jedesmal, wenn du versuchst, die Antwort auf eine schwierige Frage zu finden, mußt du selbst ganz sorgfältig nachdenken. Wenn das nicht gelingt und du im Gegenteil verwirrt bist, dann ist der Zeitpunkt da, aufzuhören. Schau noch einmal in Teil 3 nach, was du tun mußt, um klare Gedanken für deine Bereitschaft zu sterben fassen zu können. Und wenn du Teil 4 liest, ohne vorher Teil 3 gelesen zu haben, dann lies ihn zu Ende. Dieser Teil umfaßt nur ein paar Seiten.

Du mußt allerhand bedenken, wenn du versuchst, den Entschluß zu fassen, aus dem Leben zu gehen. Kein Mensch erleidet gern Schmerzen! Wie weh tut Sterben? Kannst du dich selbst töten, ohne dir Schmerzen zuzufügen? Wie lange dauert es, bis du tot bist? Welche Methode ist die schnellste? Und die am wenigsten schmerzhafte? Welche ist die sicherste? Und gibt es keinen »Aufstand«? Mußt du dir Sorgen um dein Aussehen machen, wenn du tot bist? Wie wird es derjenige aufnehmen, der dich findet;

kannst du es von vornherein so regeln, daß eine bestimmte Person dich findet? Wenn du es gut finden solltest (wenn es dir Genugtuung verschaffen würde), daß jemand in diese Situation hineingerät, bedeutet das, daß du eigentlich noch etwas hättest sagen wollen? Konntest du das nicht sagen, ohne den Tod zu wählen?

Eine gewisse Josefina Card hat eine wissenschaftliche Untersuchung über Selbstmord durchgeführt. Sie untersuchte im Auftrag des National Institute for Mental Health mehrere tausend Fälle von Selbstmordhandlungen. Eines der Untersuchungsresultate war eine Übersicht, die zeigt, wie effektiv die gewählten Methoden waren. Von 100 Menschen, die Schußwaffen verwendeten, starben 91. Das bedeutet: In beinahe einem von 10 Fällen mißlang der Versuch auch mit der Schußwaffe.

Von 100 Menschen, die ein Messer nahmen, starben nur vier. Warum schneiden sich Menschen, die sagen, daß sie sterben wollen, die Pulsadern auf?

Aber es gibt noch mehr Fragen. Was geschah mit den neun Menschen, die versuchten, sich zu erschießen? Wollten sie nicht wirklich sterben? Konnten sie so schlecht zielen? Blieben sie versehentlich am Leben? Wie wirkte sich der mißlungene Selbstmordversuch auf ihr weiteres Leben aus? Werden sie es noch einmal versuchen? Werden sie dazu fähig sein, es noch einmal zu tun, wenn sie so invalide geworden sind, daß sie nicht mehr in der Lage sind, für sich selbst zu sorgen? Schußwunden verursachen eine Menge Unannehmlichkeiten, und es ist schrecklich, wenn jemand damit konfrontiert wird. Sind sie schmerzhaft? Und wie lange dauert es, bis man stirbt?

Ich kenne den Fall eines Jungen, der sich zu Hause im Badezimmer in die Brust schoß und doch noch lange genug lebte, um durchs Haus zu laufen, zu telefonieren, und sich dann aufs Bett legte, um zu sterben. Ist es möglich, daß du nach der todsichersten Methode von Selbsttötung doch noch aus Versehen am Leben bleibst? Glauben Menschen, die sich ins Bein schießen wirklich, daß sie sterben? Bist du dir absolut sicher, daß du deinem Leben ein Ende setzen willst, wenn du andererseits so nachlässig und undurchdacht eine Methode der Selbsttötung gewählt hast? Warum endet nur einer von 20 bis 40 Fällen von Selbstmordversuchen auch wirklich tödlich?

Du mußt an eine Menge Dinge denken, wenn du überlegst, ob Selbstmord das richtige für dich ist, sowie an die Methode, die du anwenden willst. Das Unglück kommt über Nacht. Menschen sterben aus Versehen. Und es bleiben auch Menschen aus Versehen am Leben. Je sorgfältiger ein Selbstmord durchdacht ist, je genauer er geplant ist, desto kleiner ist die Gefahr, daß er versehentlich schiefgeht, aber die Gefahr besteht immer. Und die Gefahr ist sehr groß, wenn du keine guten Informationen einholst und kein Gespräch mit anderen darüber führst.

Teil 4 wurde geschrieben, um Unfälle zu vermeiden. Viele Versuche mißlingen, sie laufen anders ab, als es ursprünglich beabsichtigt war. Das gilt auch für schlecht durchdachte Planungen.

Wie kommt es, daß manche Menschen versehentlich sterben? Das bedeutet doch, daß sie es eigentlich nicht wollten. Wenn sie selbst ihren Tod verursacht haben, ist es dann noch echter Selbstmord, auch wenn sie nicht sterben wollten? Warum haben sie sich dann überhaupt darauf eingelassen? Warum spielen einige mit dem Feuer, obwohl sie sich nicht verbrennen wollen?

Einige sagen, daß sie den Tod suchen, daß sie den Tod herausfordern. Deshalb fahren sie Rennautos, arbeiten auf hohen Gebäuden und Brücken, laufen auf Gletschern Ski oder springen von Felsen. Gefahr ist aufregend. Je gefährlicher (tödlicher), desto aufregender. Nur diejenigen, die das Risiko auf sich nehmen, zu weit zu gehen, wissen, wie weit sie gehen können. Du glaubst doch nicht, daß Menschen, die mit waghalsigen Manövern Rekorde brechen wollen, wirklich darauf aus sind, Selbstmord zu begehen? Woran denken Kinder, die bei ihren Spielen einen sogenannten Zaubertrank trinken und daraufhin »sterben«?

Man sagt wohl, daß Menschen, die gefährlich leben, auf Selbsttötung aus sind. Man sagt, daß Menschen, die viel rauchen oder sich gern betrinken, eigentlich Selbstmordkandidaten sind. Aber dieses Buch handelt nicht von Menschen, die gefährlich leben und dann versehentlich sterben. Wenn du gefährlich leben willst und dich gerne betrinkst, aber nicht zu Tode kommen willst, dann ist dies nicht das richtige Buch. Wenn du jedoch ernsthaft an Selbstmord denkst oder glaubst, daß dies der einzige Ausweg für dich ist, dann solltest du weiterlesen. Nachzudenken, wie du allem ein Ende machen kannst, gleicht dem Nachdenken über deine Bereitschaft zum Sterben. Jede Art der Selbsttötung, die es gibt, hat eine gewisse Erfolgschance. Das heißt mit anderen Worten: Je sicherer du dir deiner Sache bist, desto todsicherer muß die Methode des Selbstmordes sein, die du auswählst. Eine logische Folgerung. Sie stimmt nicht mehr, wenn du eine Methode wählst, die zwar tödlich ist, du aber nicht ganz sicher weißt, ob du wirklich sterben willst.

Auf diese Weise passieren die Unfälle. Unfälle geschehen auch, wenn du nur mit dem Selbstmordgedanken spielst. Manche Menschen haben da allerlei »Kunststücke«, die eventuell tödlich sein könnten, doch sie wissen nicht sicher, ob sie wirklich sterben wollen.

Erinnere dich noch einmal an die Untersuchungen von Josefina Card. Sie führt elf Selbstmordmethoden in der Reihenfolge ihrer Wirksamkeit an: Schußwaffen, Kohlenmonoxide, Erhängen, Ertrinken, eine Plastiktüte über den Kopf ziehen, Zusammenstoß (Auto etc.), Feuer, Vergiftung, Medikamente, Gas und Messer. Und keine ist sicher. Bedenke, wenn Menschen, die richtig darüber nachgedacht haben, wirklich ihr Leben beenden wollen, dann darf ihr Selbstmord nicht mißlingen. Und solange die Chance besteht, daß er mißglückt, dürfen sie es nicht wagen. Dafür ist der Einsatz zu hoch. Es ist nachlässig zu glauben, daß du mit deinen Selbstmordideen allein »herumdoktern« kannst.

Noch ein paar Fragen: Warum sollte jemand, der Selbstmord verüben will, das zu einer Zeit oder an einem Ort tun, wo er ertappt (gestört, wieder ins Leben zurückgeholt) werden könnte? Warum sollte man eine Methode anwenden, die so viel Zeit erfordert, daß eine Entdeckung zu erwarten ist? Warum gefährden manche sogar den Erfolg der sichersten Methode oder wählen Methoden, die nicht endgültig sind? Wenn Menschen einen Selbstmordversuch unternehmen und er mißglückt, bleiben sie dann aus Versehen am Leben? Oder wollten sie in Wirklichkeit nicht sterben? Wie auch immer, in keinem von beiden Fällen haben sie die Sache gut durchdacht.

Gefährden die Menschen manchmal das Gelingen ihres Selbstmords, weil sie in Wahrheit nicht sterben wollen? Tun sie nur so als ob, während sie in Wirklichkeit etwas anderes wollten? Und was? Was ist schwerwiegend genug, um das Risiko des Todes einzugehen? Sind sie völlig aus der Fassung geraten? Wollen sie dem ein Ende machen? Können sie mit anderen Menschen nicht sprechen? Sind sie einsam und finden sie keinen Kontakt? Wäre es nicht viel klüger, wenn sie herausfinden würden, worüber sie eigentlich sprechen sollten, anstelle das Risiko einzugehen, aus Versehen zu sterben?

Du denkst ganz falsch, wenn du den Tod wählst, weil dein (einziges) Problem ist, daß du mit deiner Lebensweise nicht glücklich bist. Wenn du vernünftig denkst, dann weißt du, daß du deine Lebensweise ändern mußt, wenn du damit nicht glücklich bist, anstelle den Tod zu suchen – oder mit Selbstmordgedanken zu spielen.

Lies in Teil 2 den Abschnitt über Gesprächsmöglichkeiten mit der Überschrift »Mit anderen über Selbstmord sprechen«.

Noch einmal zu den Untersuchungen von Josefina Card. Die Liste zeigt die Zahl der tödlichen Ausgänge in der Reihenfolge nach den gewählten Methoden mit dem Prozentsatz der Sterbefälle.

Reihenfolge der Tödlichkeit	*Methode*	*Sterbefälle in Prozent*
1	Schußwaffen	91
2	Kohlenmonoxide	78
3	Erhängen	77,5
4	Ertränken	67
5	Plastiktüte über den Kopf ziehen	55
6	Zusammenstöße (Auto usw.)	35
7	Feuer	23
8	Vergiftungen	23
9	Medikamente	11
10	Gas	8,5
11	Messer	4

In europäischen Ländern wie in Deutschland und den Niederlanden sind die gebräuchlichsten Arten der Selbsttötung Erhängen, Medikamente/Vergiftung, Ertränken, Springen (aus großer Höhe in die Tiefe; vor ein Auto, einen Zug). Schußwaffen werden im Vergleich zu Amerika wenig verwendet, weil hier die Gesetze für den Besitz von Waffen glücklicherweise viel strenger sind. Viele Morde in Amerika gehen auf das Konto von Waffenbesitz, viele Selbstmorde übrigens auch.

Lies die Liste sorgfältig. Beachte die verschiedenen Methoden. Denke an alle Möglichkeiten und bedenke das große Risiko. Vergiß die Schmerzen nicht. Begreife, daß der Anblick des Selbstmörders meist nicht schön ist. Stell dir vor, was derjenige empfindet, der dich findet. Überlege es dir genau. Ein Unglück ist schnell geschehen. Sicher ist es nicht deine Absicht, jetzt oder später unglücklich zu enden.

Noch einmal zurück zu einigen der Methoden aus der Liste.

Das Messer zum Beispiel.

Wenn jemand sich die Pulsadern aufschneidet, ist die Chance, daß es mißglückt, sehr groß. Von 561 Personen, die versuchten, auf diese Art und Weise Selbstmord zu begehen, starben 23. Das sind nur 4 Prozent. Denk mal darüber nach.

Verbluten geht langsam und muß sehr schmerzhaft sein.

Und es gelingt fast niemals! Ein Messerstich ins Herz wäre natürlich viel wirksamer, und der Tod würde schneller eintreten. Aber das Herz wird gut geschützt von Muskeln und Rippen, und es ist nicht so leicht zu erreichen. Wenn man es *gut* überlegt, wird man nie Selbstmord mit einem Messer verüben.

Dasselbe gilt für Springen, sich in die Tiefe stürzen. Ich hörte einmal von einem Fall, wo jemand am Ende des Bahnsteigs stand und sich vor den abfahrenden Zug warf. Seine Beine wurden abgetrennt, aber er lebte danach noch lange und unglücklich. Ganz abgesehen von der Auswirkung, die so ein Ereignis auf diejenigen hat, die ihn von den Schienen holen mußten.

Beim Herabspringen aus großer Höhe geschieht es unter Umständen, daß man nicht sofort tot, wohl aber schwer verletzt ist. Schrecklich! So ein Selbstmordversuch ist ein impulsiver Sprung ins Dunkle, aus dem du dann mit einer großen Schädigung wieder aufwachen kannst. Um zu merken, daß du dann um so mehr im Elend sitzt.

Du kannst dir selbst ausrechnen, warum auch für die meisten anderen Selbstmordmethoden gilt, daß das Risiko viel zu groß ist. Vor allem für dich, aber auch für andere.

Kurzum, wenn du Selbstmord begehen willst, tu es nie auf folgende Art und Weise:

– von einem Gebäude springen,
– dich vor einen Zug oder ein Auto werfen,
– dich mit einem Seil aufhängen,

- mit einer Waffe,
- mit einem Messer,
- mit dem Auto irgendwo gegenfahren,
- Gas (Explosionsgefahr! Gefährlich auch für andere),
- Feuer (sich selbst zu verbrennen, ist eine der schrecklichsten Methoden),
- Erhängen,
- Ertränken,
- Plastiktüte über den Kopf ziehen.

Was bleibt dann noch, fragst du dich. Nicht viel. Bestimmte Medikamente können eine wirkungsvolle, sorgfältige und relativ schmerzlose Art sein. Jedoch aufgepaßt! Bei Medikamenten geht es oft schief, weil die Menschen nicht wissen, was sie nehmen müssen, wieviel und auf welche Weise. Ein impulsiver Griff ins Medizinschränkchen von Vater oder Mutter kann im wahrsten Sinne des Wortes lebensgefährlich sein. Es kann leicht passieren, daß du einen Teil der Dosis wieder erbrichst und einige Kombinationen nicht tödlich sind, aber doch zu irreparablen Gehirnschäden führen, wenn du am Leben bleibst.

Es gibt verschiedene Anleitungen für die klügste, wirksamste Methode, mit Medikamenten dem Leben ein Ende zu setzen. Aber folge diesen lieber nicht. Oft sind es Ratschläge von Menschen, die meinen, es zu wissen, aber auch nicht genau informiert sind.

Zum Herausfinden einer erfolgversprechenden Selbstmordmethode brauchst du einen Sachverständigen. Wenn du eine Krankheit hast, wegen der du operiert werden mußt, dann pfuschst du auch nicht selbst mit Messern und Betäubungsmitteln herum. Dann suchst du dir einen guten Chirurgen. Nun, Selbstmord ist die schwerwiegendste Operation deines Lebens, die du vornehmen kannst. Für diese Operation hast du deshalb fachkundigen Rat und Beistand nötig. Wenn du dich nicht traust, einen Arzt oder einen anderen kompetenten Helfer zu befragen, dann bist du noch nicht zum Selbstmord bereit. *Die Do-it-yourself-Pfuscherei und so eine »perfekte« Tat wie Selbstmord passen nicht zusammen.*

P.S. Man kann es auch so betrachten: Wenn Selbstmord wirklich der einzige realistische Ausweg aus deinen Problemen ist, dann sollte es früher oder später einen kompetenten Helfer (Arzt usw.) geben, der diese Erkenntnis teilt. Das setzt voraus, daß du aktiv nach ihm suchst.

Einleitung zu Teil 5

Dieses Buch handelt davon, wie man aufhört zu leben, und davon, wie man neu beginnt. Meiner Erfahrung nach haben junge Menschen, die ernsthaft über Selbstmord nachdenken, meist entschieden, davon abzusehen (für kürzere oder längere Zeit), anstatt es zu tun.

Dieser Entschluß ist etwas sehr Wichtiges in ihrem Leben. Es bedeutet, daß sie das Leben gewählt haben. Das ist eine Wahl, die die meisten Menschen niemals treffen. Niemand wählt jemals, geboren zu werden; und nur wenige Menschen wählen bewußt das Leben. Diejenigen, die es doch tun, tun es, weil sie in und mit ihrem Leben etwas verändern wollen. Verändern heißt kreativ sein. Kreativität beginnt mit einem Traum. Das erfordert Vorstellungskraft, Phantasie.

Teil 5

Träume

Träume sind wie Kirschen vom Baum, gratis. Über Träume sinnieren (und Träume auch Wirklichkeit werden lassen) ist genauso einfach, wie für den Baum zu sorgen, bis die Früchte reif sind. Du brauchst nur ein kleines Samenkorn für einen Traum. Um ein großes Feuer zu entzünden, brauchst du nur einen kleinen Funken. Um dem Leben einen Sinn zu geben, brauchst du nur irgend etwas, wofür es lohnt zu leben, etwas, worauf du dich freust – und es kommt nicht darauf an, wie groß oder wie klein dein Traum oder dein Ziel ist. Du brauchst nur das Unkraut zu jäten. Die Träume wachsen von selbst.

Träume (eigentlich das Leben) werden durch negative Einflüsse vernichtet. Jeder Traum wird, genau wie ein Saatkörnchen im Boden, von selbst wachsen, wenn ein Gärtner dafür sorgt, daß er gedeihen kann. Die größte Gefahr ist das Unkraut, das die Saat vernichtet. Das muß beseitigt werden. Die negativen Kräfte in deinem Leben sind das Unkraut, das deine Träume ihrer Lebenskraft beraubt. Doch es genügt schon ein winziges Saatkörnchen, um einen Traum zu wecken. Deine Träume können ungestört blühen, wenn du nur stark genug gegen die Probleme angehst. Wenn du deine Augen (deine Energie, deine Aufmerksamkeit) auf den Traum richtest, dann werden die negativen Gedanken und die Einflüsse, die zum Selbstmord führen, vermindert.

Versuche es mal. Wenn du mal einen Moment zur Verfügung hast, wie gerade jetzt vielleicht, fülle deine Zeit und deinen Geist mit der Vorstellung aus, wie es sein könnte. Male dir dein Leben so aus, wie du es gern hättest, anstelle des Lebens, das du jetzt führst. Gestalte dir die Zukunft so schön, wie du es wagst.

**Widme dem ein paar Minuten.
Träume deine Träume mit allem, was du wünschst.
Du mußt es dir lebendig vorstellen.**

Laß deinen Traum wachsen. Träume ihn weiter und kehre dann in die Gegenwart zurück. Die Frucht des Traumes wird aus dem Saatkorn reifen. Überlege, was du tun könntest, um dein Ziel zu erreichen. Befreie dich von dem, was dich zur Zeit bedrückt. Gedanken wie: »Es ist doch alles sinnlos«, »ich schaffe es ja doch nicht«. Tue es gleich. Ziehe das Unkraut heraus und lasse die Sonne auf die junge Pflanze scheinen. Unkraut ist wertlos. Ebenso wertlos wie Zorn, Angst, Sorgen und alle anderen nutzlosen Emotionen, die dich nur hilflos machen und zum Selbstmord führen. Wenn du nur eine Kleinigkeit gegen diese Entwicklung tun kannst, dann mußt du es tun. Ziehe das Unkraut heraus! Pack die Sache an! Und wenn du nichts tun kannst (jedenfalls im Augenblick), um alles beiseite zu räumen, dann darfst du trotzdem keine Zeit und Energie mit Angst und Sorgen verschwenden. Oder ausflippen. Gebrauche deine Zeit und Energie, um Träume zu analysieren. Richte deine ganze Aufmerksamkeit auf das Ziel.

Wenn du es nicht gewöhnt bist, ein Ziel anzustreben, dann ist das nicht so einfach. Angst, Sorgen, Zorn und alle anderen Emotionen, die dir nichts bringen, sind wie Treibsand. Du wirst hineingezogen, wenn du nicht aufpaßt. Und du mußt dich positiv dagegen widersetzen. Wenn du dich meist in die Gefühle, die zu Selbstmordgedanken führen, vergräbst (und du derer nicht Herr wirst), dann mußt du dich gewaltsam daraus befreien. Das machst du zum Beispiel so: *»Verdammt, nun grüble ich schon wieder darüber nach und kann doch nichts daran ändern. Ich will nicht mehr daran denken, sondern mich darauf konzentrieren, was ich heute tun und erreichen will. Und doch hasse ich den Zustand. Ach, da fange ich schon wieder an. Ich vergeude meine Zeit und die Energie mit der Grübelei über Dinge, die ich nicht ändern kann, ich sollte mich besser auf meine Phantasie, meinen Plan konzentrieren. Was kann ich heute tun, um meinen Träumen wieder einen Schritt näherzukommen?*

Das größte Problem bei der Erklärung, wie du deinen Traum »wachsen« lassen kannst, ist, daß jeder einen anderen Traum hat. Jeder muß selbst herausfinden, wie er Zeit und Energie am besten einsetzt, um mit seinen Träumereien am besten voranzukommen. Hier ein Beispiel: Stell dir in deiner Phantasie vor, du hättest ein Auto, ein Boot oder ein Haus ... Wie kannst du nun deinem Traum ein Stückchen näherkommen? Schon ein klein wenig Zeit reicht, wenn du nur die Energie dazu hast. Wenn du anderthalb Stunden frei hast, kannst du zu einem Gebrauchtwagenhändler gehen, um zu sehen, wie dein Traum am Ende aussehen wird. Oder du erkundigst dich, wie es mit deiner Bewerbung steht. Oder du stellst dir vor, daß du Zeitungen austrägst und es schrecklich langweilig findest. Dann mußt du in Gedanken zwischen der achtzigsten und neunzigsten Zeitung, die du irgendwo in den Briefkasten steckst, aufhören und dir ausmalen, wie es wäre, mit dem Auto wegzufahren, oder so ... Bei der neunzigsten Zeitung stellst du dir dann vor, daß dein Traum wahr wird. Sage dir bei deinen Plänen und Träumen, die dir wirklich wichtig sind, immer folgendes: »Entweder ich finde einen Weg, oder ich ›mache‹ mir einen.«

Du findest einen Weg, oder du machst ihn dir

Die folgenden Seiten sind eine Phantasie, eine Phantasie über einen Neuanfang. Schalte deine Phantasie ein.

Ein Mädchen trifft auf einer Indienreise eines Tages einen Guru, der vor seiner Wohnhöhle sitzt und liest. Die Ruhe, die der Mann ausstrahlt, macht sie neugierig. Um ein Gespräch zu beginnen, fragt sie ihn nach dem Weg zu dem nächstgelegenen Dorf.

Der Mann antwortet, es sei nicht seine Aufgabe, Reisenden ihren Weg zu zeigen. Das Mädchen fragt, was denn seine Aufgabe sei, worauf er antwortet, daß er keine Aufgabe habe. Das einzige, was er für andere tun könne, sei »nichts«. Nur durch Nichtstun können andere selbst ihren Weg finden. Das Mädchen findet die Antwort ein typisches Beispiel für Altmännergeschwätz. Schnippisch sagt sie: »Was für ein Unsinn. Ich kenne den Weg zum Dorf nicht, wo ich vor dem Dunkelwerden sein möchte. Sie wissen ihn doch. Dann ist es für Sie doch keine Mühe, mir zu erklären, wie ich gehen muß.«

»Warum bist du eigentlich hierhergekommen?« fragt der Mann, ihre Frage ignorierend.

»Das ist nur ein Zufall. Ich ziehe so herum und sehe dann, wo ich lande«, antwortet das Mädchen.

»Nun, dann würde ich ruhig so weitermachen, wenn ich du wäre, junge Dame, und, wer weiß, vielleicht kommst du irgendwann in das Dorf«, reagiert der Guru gelassen.

Das Mädchen wird nun wirklich böse: »Wer sind Sie eigentlich? Sie sitzen hier, ohne was zu tun, völlig nutzlos, und verweigern auch noch jede Hilfe. Ein sinnloseres Dasein kann ich mir nicht vorstellen.«

»Ich auch nicht«, sagt der Mann, »aber es ist das Beste, was ich mir denken kann.«

»Das Beste, was Sie sich denken können. Daß ich nicht lache! Tu was, Mann, was Sinnvolles, etwas,

was den Menschen nützt, trage deinen Teil dazu bei!« schreit das Mädchen gehässig.

»Was denn?« fragt der Mann. »Was bewirkt etwas, was hilft? Herumziehen liebe ich jedenfalls nicht.«

Das Mädchen, im Begriff, dem Mann gerade richtig die Meinung zu sagen, schluckt bei der letzten Bemerkung – für sie ein Seitenhieb – gerade noch rechtzeitig ihre Worte herunter.

»Hör mal zu«, sagt sie, indem sie den Rucksack von ihren Schultern nimmt und heftig auf den Boden wirft, »das ist nicht alles, was ich mache. Ich bin noch in der Ausbildung, und danach gehe ich ...«

Abrupt unterbricht der Mann sie. »Erspare mir das bitte«, sagt er. »Ich weiß schon, du genießt eine gute Ausbildung, dann hast du einen guten Job, ein starkes Selbstbewußtsein, du wirst auf allerlei Gebieten aktiv, auch jedesmal sehr sinnvoll, du fühlst dich beteiligt am Elend der Welt, und das sind dann normale Ferien für dich. Von mir aus gern, ich werde mich damit nicht belasten. Es ist nicht mein Leben, und es würde auch nie mein Leben sein. Aber warum darf ich nicht das tun, was mir gut zu sein scheint. Warum mußt du dich in mein Leben einmischen?«

Während das Mädchen beschämt schweigt, steht der Mann auf, läuft in seine Höhle und kommt mit einer Kanne Tee und zwei Bechern zurück. Ohne ein Wort schenkt er die Becher voll und reicht ihr einen. Berührt durch das unerwartete freundliche Verhalten will das Mädchen sich für ihr Auftreten entschuldigen, aber der Guru bringt sie mit einer Gebärde zum Schweigen.

»Ich biete dir keinen Tee an, um freundlich zu dir zu sein. Warum sollte ich? Ich kenne dich überhaupt nicht. Ich tue es für mich, denn ich trinke gern in Gesellschaft Tee. Aber das hat nichts zu bedeuten.«

Ohne sie weiter zu beachten, trinkt er schweigend seinen Tee. Das Mädchen ist total entwaffnet, und es dauert ein Weilchen, bis sie sich wieder in der Hand hat.

»Warum sind Sie eigentlich so unfreundlich?« fragt sie leise. »Ich habe Ihnen doch nichts getan?«

In diesem Augenblick werden sie von einem jungen Mann unterbrochen, der den Guru nach dem Weg zum nächstliegenden Dorf fragt. Der Mann antwortet wieder, daß es nicht seine Aufgabe sei, Menschen den Weg zu weisen, worauf der junge Mann eine Entschuldigung stottert und hastig weiterläuft.

Zur Verwunderung des Mädchens ergreift der Guru seinen Stock und läuft dem jungen Mann nach. Als er ihn eingeholt hat, erklärt er ihm ausführlich den günstigsten Weg.

Das Mädchen sieht das mit wachsendem Ärger. Als der Guru zurückkommt, fragt sie ihn, warum er nun plötzlich bereit war, Auskünfte zu geben.

»Du hast es noch immer nicht begriffen«, antwortet der Guru. »Ich bin nicht auf dieser Welt, um dir einen Gefallen zu tun. Ich bin auf dieser Welt, um zu tun, was ich sinnvoll finde. Und wenn ich dir damit zufällig auch noch einen Gefallen tue, ist das in Ordnung, wenn nicht, tut es mir leid.«

»So tun Sie nur, wozu Sie Lust haben, und es ist Ihnen gleichgültig, wie das ein anderer empfindet?« entrüstet sich das Mädchen.

»So ist es«, antwortet der Guru. »Ich tue nur Dinge, in denen ich einen Sinn sehe.«

Es herrscht eisige Stille.

»Was war daran nun so sinnvoll, dem Jungen den Weg zu weisen?« fragt sie dann.

»Das genau wollte er. Als ich ihm zuerst die Auskunft nicht gab, lief er sofort weiter, um selbst den Weg zu suchen. Also war es sinnvoll, ihm zu helfen.«

»Aber ich habe doch auch nach dem Weg zum Dorf gefragt«, reagiert das Mädchen heftig.

»Das stimmt«, antwortet der Guru, »und als ich dir die Information nicht gab, hast du sofort mit mir eine Diskussion angefangen. Du hast mir innerhalb von dreißig Sekunden sogar die wesentlichste Frage gestellt, die man jemandem stellen kann, nämlich, was meine Aufgabe in diesem Leben ist. Anscheinend wolltest du mit mir über Lebensfragen sprechen, und so hatte es für mich einen Sinn, das zu tun und nichts anderes.«

Hastig nimmt das Mädchen seinen Teebecher, und beim Trinken bedeckt sie mit dem Becher fast ihr ganzes Gesicht, um nicht zu zeigen, wie sie errötet. Als sie den Becher hinsetzt, nimmt der Mann ihn und schenkt, ohne zu fragen, neu ein.

Minutenlang sitzen sie schweigend und Tee trinkend zusammen. Das Mädchen, das fast immer in

Gesellschaft anderer sehr angespannt ist, vor allem bei Fremden, merkt zu ihrer Verwunderung, daß sie allmählich innerlich ruhiger wird. Sie wagt zum erstenmal, den alten Mann mit seiner kleinen, zerbrechlichen Gestalt, dem Kranz grauer Haare um seinen kahlen Kopf und seinen klaren Augen richtig anzuschauen. Augen, die ab und zu zu ihr blicken, auf eine Art, die aussagt, daß es für ihn absolut nicht von Bedeutung ist, daß sie da ist, daß sie nichts tun oder beweisen muß, daß sie nichts zu sagen braucht.

Unwillkürlich wandern ihre Gedanken nach Hause. Da würden sie schon lange gefragt haben: »Warum bist du so still? Ist was? Warum sagst du nichts?« Dein Vater, deine Mutter und all die anderen Erwachsenen mögen es nicht, wenn du still dasitzt und nachdenklich bist. Sie wollen immer wissen, was du denkst. Aber wenn du das laut sagst, bekommst du garantiert einen Kommentar. Du kannst nicht entspannt schweigen und auch nicht entspannt reden.

Nach einer Weile erwacht das Mädchen aus ihren Gedanken, und halb zu sich selbst, halb zum Guru sagt sie: »Was mache ich hier eigentlich?«

Der alte Mann schaut sie an und wiederholt leise ihre Worte: »Was tust du hier eigentlich?«

»Ja«, sagt das Mädchen mit einem Lächeln, »das frage ich mich wirklich. Ich sitze hier neben jemandem, den ich überhaupt nicht kenne, den ich auch vorher noch nie gesehen habe. Wir sagen kein Wort zueinander und sitzen doch ruhig beisammen und trinken Tee. Das ist nicht üblich.«

»Das ist auch nicht die Frage«, antwortet der Mann, »die Frage ist, ob es dir gefällt, ob es etwas Sinnvolles, etwas Gutes für dich ist. Wenn es so ist, dann bist du nun am richtigen Platz. Du hättest schon lange im Dorf sein können, aber würdest du dann weitergekommen sein?«

Wieder scheint das Mädchen durch die scheinbar weisen Bemerkungen irritiert.

»Warum sprechen Sie immer in Rätseln? Warum können Sie nicht einmal normal antworten?«

»Wie alt bist du?« fragt der Mann, ihre Bemerkung wieder ignorierend.

»Siebzehn«, antwortet das Mädchen.

»Gut«, sagt der Mann, »dann hast du wahrscheinlich schon siebzehn Jahre lang normale Antworten bekommen, so im Stil von: ›Wenn du müde bist, geh dann rechtzeitig ins Bett; wenn du dich hetzen mußt, um rechtzeitig zur Schule zu kommen, dann stehe morgens eher auf; wenn du deinen Stundenplan nicht finden kannst, vernachlässige nicht alles so; wenn du die Pickel in deinem Gesicht so schrecklich findest, darfst du eben nicht so viel naschen; wenn du Streit mit deinem Lehrer hast, darfst du nicht so frech sein; wenn du mal nicht mehr weiter weißt, Kopf hoch, du hast noch das ganze Leben vor dir.‹ Das sind die üblichen Antworten. Und was ich außerdem noch sagen wollte: Geh so schnell wie möglich dahin zurück, von wo du gekommen bist, denn da haben sie solche Antworten zuhauf …«

»Solche Antworten meine ich natürlich nicht, von denen habe ich selbst mehr als genug parat«, sagt das Mädchen. »Ich meine Antworten wie…«

Aber weiter kommt sie nicht, denn was sie eigentlich will, weiß sie selbst nicht.

»Dacht' ich es mir nicht«, sagt der alte Mann leise, als ob er mit sich selbst spräche. »Wieder jemand, der wohl weiß, was er nicht will, aber sobald man fragt, was er dann wohl will, ist er ratlos.«

Das Mädchen fühlt sich ertappt. »Sie wissen ja alles so gut, wie? Sie wissen natürlich genau, was Sie sich selbst in Ihrem Leben vorstellen, was für einen Sinn das alles hat, nicht wahr? Alle Menschen sind wohl so. Ich treffe nur solche dummen Erwachsenen, die alles so genau wissen. Ich habe es total satt! Und dann mußt du dir mal ansehen, was für einen Mist die sogenannten vernünftigen Erwachsenen daraus gemacht haben! Die ganze Welt ist eine einzige Kloake. Protzige Erwachsene trinken Champagner aus Kristallgläsern, während überall in der Welt Kinder Abfälle essen müssen, um ihren Magen wenigstens vollzukriegen. Und sogenannte liebevolle Väter können ihre Hände nicht von der eigenen Tochter lassen. Ein einziger großer Trümmerhaufen, das ist es. Das habt ihr daraus gemacht. Auf der anderen Seite wird jungen Menschen gepredigt, wie es sein sollte, was sinnvoll ist und was nicht. Eine große scheinheilige Schwindelbande, das ist die Erwachsenenwelt, und nichts anderes. Ziemlich logisch, daß ich weiß, was ich nicht will, und nicht, was ich will.

Was für schöne Ideale habt ihr Erwachsenen denn anzubieten? Ich will Ihnen was erzählen. Vor kurzem fragte ich meinen Vater: ›Wofür lebst du eigentlich?‹, und wissen Sie, was er antwortete: Daß ich nicht so seltsame Fragen stellen soll! Nun frage ich Sie: Wenn mein eigener Vater mir nicht einmal erklären kann, wofür er eigentlich lebt …

Erwachsene glauben doch an überhaupt nichts mehr. Ausgenommen an den bevorstehenden Urlaub und die drei Prozent Gehaltserhöhung ab Januar. Ich habe auch meinen sechzehnjährigen Bruder gefragt, was der Sinn seines Lebens ist, und wissen Sie, was er sagte: ›Nun, erst mal das Moped, das ich bekomme, wenn ich versetzt werde.‹ Der Sinn seines Lebens ist ein Moped, mein Gott!«

Während das Mädchen mit Tränen der Wut in den Augen ihre Worte hervorsprudelt, ist der Guru aufgestanden und hat sich ihr gegenüber hingesetzt. Sehr vorsichtig, als ob sie zerbrechlich wären, nimmt er ihre Hände, schaut sie mit seinen freundlichen, klaren Augen an und sagt: »Weißt du, ich fürchte, daß du recht hast. Irgendein Witzbold hat uns ohne Karte und ohne Kompaß im hintersten Winkel des Alls ausgesetzt und gedacht, daß wir selber sehen müssen, wie wir allein weiterkommen. Da sitzen wir nun. Wir wissen überhaupt nicht wofür, wohin und warum. Und was soll nun geschehen? Ganz allein auf die Suche gehen? Das ist sehr schwer und beängstigend. Darum hängen sich viele Menschen an andere, ahmen sie nach … Das ist der Weg des geringsten Widerstands.

Frage nicht, warum sie das tun. Was sollen sie antworten? Als große, starke, erwachsene Menschen können sie doch nicht sagen: ›Weil ich Angst habe, weil ich mich nicht traue.‹ Also sagen sie, du sollst nicht so seltsame Fragen stellen.

Es gibt Menschen, die es allein versuchen. Wenn sie jedoch nach einer gewissen Zeit nicht den richtigen Weg gefunden haben, verzweifeln sie. Und dann verlieren sie die Hoffnung. Und zum Schluß wird alles bedeutungslos, sinnlos. Für sie gibt es oft nur noch einen logischen Ausweg.

Und dann gibt es eine Gruppe von Menschen, die begriffen hat, daß es auf die Frage nach dem Warum, Wohin und Wofür nur eine Antwort gibt, nämlich: *Entweder du findest einen Weg, oder du ›machst‹ dir einen.«*

»Und?« fragt das Mädchen, das mit großen Augen zugehört hat, »was haben Sie gemacht? Einen Weg gefunden oder einen Weg ›gemacht‹?«

»Komm«, sagt der alte Mann und steht auf. Er winkt dem Mädchen, ihm in die Höhle zu folgen. Draußen ist es inzwischen dunkel und kälter geworden, aber zur Verwunderung des Mädchens brennt in der Höhle ein helles, warmes Feuer. Der Rauch zieht durch eine Art Luftschacht ab.

Er lädt das Mädchen ein, sich zum Feuer zu setzen, und holt ein paar handbeschriebene Papiere aus einem Stapel. Er reicht sie dem Mädchen und sagt: »Was ich gemacht habe, hat eigentlich nichts mehr zu sagen. Was du tun könntest, aber wohl. Lies das mal, dann werde ich inzwischen etwas zum Essen machen.«

Dankbar für die wohlige Wärme und die Fürsorge des alten Mannes schlägt das Mädchen das erste Blatt auf und beginnt zu lesen …

Der blinde Freund

Eines Tages war ein junger Mann unterwegs, um seinem Leben ein Ende zu machen. Er lief zum Fluß, um sich zu ertränken. Auf dem Weg zu der Stelle, wo die Strömung am stärksten war, lief er an einem Mann vorbei, der auf einem Bänkchen am Ufer saß und ihm zurief: »He, warte mal, was willst du tun? Du willst dich doch wohl nicht ertränken?«

Böse drehte der Junge sich um und sagte: »Wieso kümmern Sie sich überhaupt um mich?«

Der Mann auf der Bank antwortete: »Ich kümmere mich nicht um dich, ich halte dich nicht zurück. Wenn du ins Wasser gehen willst, dann tu das. Ich finde es sogar anerkennenswert. Aber bevor du es tust, habe ich noch eine Frage: Könntest du mir nicht deine beiden Augen geben, denn die hast du doch gleich nicht mehr nötig? Ein guter Freund von mir ist erblindet, und die Ärzte sagen, wenn jemand seine Augen spendet, können sie transplantiert werden. Dann könnte mein Freund wieder sehen. Er ist reich, und was du auch immer als Gegenleistung für deine Augen verlangst, er wird es gern bezahlen. Nun, warum nicht noch ein Geschäft machen vor deinem Selbstmord?«

Der Junge war darüber so überrascht, daß er, ohne weiter nachzudenken, sagte: »Wieviel will der

Freund denn für meine Augen geben?« Er dachte momentan nicht an seinen Selbstmord.

Der Mann auf der Bank sagte: »Was du willst, sag doch wieviel.«

»Sagen Sie mal, was ich verlangen könnte«, entgegnete der junge Mann. »Aber was soll ich mit Geld? Ich werde mich ertränken, meinem Leben ein Ende machen.«

Der Mann auf der Bank antwortete: »Warte mal eben, denke noch einmal nach. Sagen wir 20 000 Mark.«

»20 000 Mark!« rief der arme Junge. »Mein Gott, ich habe nie gedacht, daß ich jemals so viel besitzen würde!« Worauf der Mann auf der Bank sagte: »Eben darum. Denk mal darüber nach. Wenn ich zu meinem Freund sagen würde, daß ich das Zehnfache brauche, dann denke ich, daß er es auch dafür übrig hat. Es hängt alles von dir ab. Mein Freund tut alles dafür, um wieder sehen zu können.«

Total verblüfft sagte der Junge: »200 000 Mark! Warum soll ich dann aus dem Leben gehen?«

Der Mann auf der Bank antwortete, daß er das selbst wissen müsse.

»Aber ... ohne Augen zu leben, selbst wenn du 200 000 Mark hast, das ist auch nicht alles«, sagte er.

»Komm mit, dann kannst du dir immer noch überlegen, was du tust.«

Aber als sie zum Haus des Freundes gehen wollten, sagte der Junge plötzlich: »Warte, ich habe noch mal darüber nachgedacht, ich...«

»He«, unterbrach der Mann ihn, »hast du deine Meinung geändert? Willst du noch mehr Geld?«

»Nein«, antwortete der Junge, »darum geht es nicht. Ich frage mich, wenn zwei Augen schon 200 000 Mark wert sind, was passiert, wenn man auch noch zwei Ohren oder eine Nase oder Zunge dazu anbietet? Was kostet mein ganzer Körper?«

Der Mann sagte: »Du kannst doch selbst rechnen! Zwei Augen sind schon 200 000 Mark wert und …«

Aber der Junge ließ ihn nicht aussprechen. »Ich mache mir keine Gedanken über einen Verkauf«, sagte er. »Nun kenne ich aber auf jeden Fall den Wert. Ich kann immer noch verkaufen. Übrigens, dann würde ein anderer meine Augen haben, und ich könnte nichts mehr sehen. Ich denke lieber nicht daran.«

»Ja, aber«, antwortete der Mann, »was macht das schon, wenn du doch bald tot bist? Ein Weilchen kommst du doch ohne Augen zurecht.«

»Mein Herr«, sagte der Junge, während er immer aufgeregter wurde, »wenn ich demnächst tot bin, habe ich auch nichts mehr von dem Geld. Aber wenn meine Augen einem anderen so viel wert sind, dann möchte ich doch gern wissen, wie und warum das so ist, ehe ich sie überhaupt weggebe.«

»O.k.«, seufzte der Mann, »wie du willst. Aber ich warne dich, es ist ein gutes Stück zu laufen bis zum Haus meines Freundes. Wir sind sicher ein paar Tage unterwegs.«

»Das macht nichts«, sagte der Junge, »ein paar Tage halte ich es noch aus.«

Und so machten sich die beiden auf den Weg. Am Abend des ersten Tages erreichten sie ein Dorf, wo sie übernachten wollten. Kurz vor dem Dorf kamen sie an einem aus Erde geformten Altar vorbei; auf einer großen Steinplatte lagen Früchte des Landes, die den Göttern dargebracht wurden. Neben dem Altar stand ein gewaltiger Baum; groß, weitverzweigt und so beeindruckend, daß der Mann bewundernd ausrief: »Schau mal, was für ein herrlicher Baum. So ein großes Exemplar habe ich noch nie gesehen.«

Und während er noch voll Erstaunen schaute, lief der Junge, der als Tischlerlehrling gearbeitet hatte, zu dem Baum, befühlte Stamm und Zweige und sagte mit Verachtung in der Stimme: »Ein herrlicher Baum? Ein wertloser Baum! Das Holz taugt wirklich nichts. Sollte man ein Haus damit bauen, würde es in kürzester Zeit zusammenfallen. Als Schiffsholz fault es zu schnell, und dein Haus kannst du damit auch nicht heizen, denn es ist wertloses Brennholz.«

Sie übernachteten in der einzigen Herberge, die das Dorf hatte. Kaum war der Junge eingeschlafen, erschien ihm der Baum im Traum und sagte: »Du wertloser Junge, was verstehst du von wertlosen Bäumen? Wenn ich gutes Tischlerholz wäre, hätten mich die Menschen längst abgehackt. Wäre ich gutes Brennholz, dann hätten sie mich auf verschiedenste Art und Weise verstümmelt, indem sie Zweige oder Äste abgesägt hätten. Menschen wie du fragen immer nach dem Nutzen. Und wenn sie denken, daß etwas ihnen nützlich ist, zerstören sie es. Ich bin so groß geworden und habe so schön wachsen können, weil ich für niemanden von Nutzen bin. Haben deine Mitmenschen dich denn nie gefragt, was für Nutzen dein Tun hat? Und haben sie es dir nicht immer vorgehalten, wenn du keine gute Antwort darauf geben konntest? Und hat dich das nicht so bedrückt, hast du dich nicht so beiseite geschoben gefühlt, daß du zuerst nicht mehr atmen konntest und später nicht mehr atmen wolltest? Was weißt du von wertlosen Bäumen!«

Als der Mann und der Junge am folgenden Morgen das Dorf auf demselben Wege, den sie gekommen waren, wieder verließen und zum Altar und dem großen Baum kamen, blieb der Mann wiederum voll Bewunderung stehen. »Was für ein herrlicher Baum ist das«, sagte er. Worauf der Junge neben ihn trat und leise antwortete: »Hören Sie bitte auf. Ich kann selbst sehen, wie wundervoll er ist.«

An diesem Tag schaute der Mann unterwegs öfter erstaunt zu dem Jungen, aber er sagte nichts.

Es war schon lange dunkel, als sie das nächste Dorf erreichten. Zum Erstaunen des Jungen bestand die Herberge aus einem großen, runden Hauptgebäude mit Schlafzimmern. Mitten im runden Saal brannte ein gewaltiges Kaminfeuer, vor dem mindestens 90 bis 100 Menschen saßen, die meisten nicht älter als 18 bis 20 Jahre. An den Mauern lehnten Tafeln mit einigen Plakaten. Auf einem stand: »The Adventure of Living on a Small Planet«. Auf einem anderen war ein junger Mann zu sehen, der einen breiten Fluß überquerte. Darunter stand: »Nur diejenigen, die das Risiko eingehen, zu weit zu gehen, können entdecken, wie weit sie gehen können.« Dann war da noch ein Plakat an der Wand, auf dem stand: »Hindernisse siehst du dann, wenn du deine Augen nicht aufs Ziel gerichtet hältst.«

Während der Junge die Texte las, löste sich aus der Gruppe, die rund ums Kaminfeuer saß, eine Frau. Sie lief auf den Mann zu und sagte: »Fein, daß du da bist. Dann können wir anfangen.«

Zum Erstaunen des Jungen setzte sich der Mann auf einen Stuhl, der neben dem Feuer stand, schaute in die Runde und begann zu sprechen.

»Tausende junger Menschen«, sagte er, »werden in diesem Jahr versuchen, ihrem Leben ein Ende zu setzen. Auch im folgenden Jahr und im Jahr darauf ... Sie sind unzufrieden mit ihrem Leben. Sie fühlen sich allein. Sie *müssen* wohl unglücklich sein. Das Leben auf diesem Planeten gleicht einem Trümmerhaufen. Aber sie stehen nicht allein da. Wir sind bei ihnen. Wir brauchen sie, ihren Zorn, ihre Enttäuschung, ihren Kummer, ihre Energie, um die Trümmer wegzuräumen.

Leider gibt es noch nicht genug junge Menschen, die das Leben satt haben. Sie sehen natürlich die Probleme – es ist auch unmöglich, sie nicht zu sehen –, aber die meisten lassen sich noch immer vorlügen, daß alles gut ablaufen wird. Sie hören zuviel die irreführenden Slogans wie ›don't worry, be happy‹, ›take it easy now‹, ›settle down‹. Der größte Unsinn!«

Das letzte kam wie ein Pistolenschuß. »Wenn alles in Ordnung kommt, dann nicht durch Abwarten. Es wird nur gut werden, wenn du nicht dasitzt, wenn du aufstehst, über die Trümmer hinwegsteigst, wenn du es eben nicht ›easy‹ nimmst. Man sagt, daß Selbstmord ein ›Schrei um Hilfe‹ ist, nicht wahr? Aber paß auf. Selbstmordgedanken können auch dazu führen, dich krank, müde, mürbe, machtlos zu machen, zu machtlos, um etwas zu verändern, die Welt zu ändern, deine Welt. Selbstmord ist ein ›Hilfeschrei‹. Tief in unserem Innersten, im Innersten all derer unter uns, die sich um die Zukunft sorgen, schreit etwas um Hilfe für unsere ›kranke‹ Gesellschaft: eine Gesellschaft, die so krank ist von Widersprüchen, von Dingen, die nicht stimmen, daß man nicht mehr herauskommt, daß du keinen Ausweg mehr siehst.

Was ist zu sagen über die, die sehr genau sehen, daß eine ganze Menge nicht stimmt, aber die so durcheinander sind, daß sie daran kaputtgehen? Der Schrei nach Hilfe kann – genau wie das Anschreien eines Tauben – zum Tode aus Frustration führen.

Es ist beruhigend, daß Leiden und Tod für euch nichts Unbekanntes mehr sind. Daß ihr auf dem Wege zum Selbstmord gewesen seid, ist gleichzeitig eure Kraft; dem Tod, dem Selbstmord geradewegs ins Gesicht zu schauen, der Konfrontation nicht aus dem Weg zu gehen, die Herausforderung anzunehmen: Das alles ist der Beginn eines neuen Lebens.

Einer meiner besten Freunde wird ein Verrückter und ein Genie des 20. Jahrhunderts genannt. Er lebte, um die Welt zu verändern. In gewisser Weise begann sein Leben nicht bei seiner Geburt. Sein Leben begann, wie er selbst geschrieben hat, an dem Tag, als er auf einem Felsen über dem Meer stand und entschied, nicht ins Wasser zu springen. Das Leben von John Lennon, denn das war sein Name, erhielt seine Bedeutung durch den Entschluß, nicht sterben zu wollen.«

Der Mann machte eine kleine Pause, um Atem zu holen. Dann fuhr er fort: »Es berührt mich im Innersten, hier mit euch zusammenzusein. Ihr habt alle ernstlich erwogen, eurem Leben ein Ende zu machen, um nach Hilfe zu schreien. Hunderte von jungen Menschen, die alle weit voneinander entfernt, jeder an einem anderen Ort und Platz einen Hilfeschrei ausgestoßen haben. Wenn niemand den Schrei gehört hätte, würde das zu deinem Tod geführt haben und dann zu deinem Tod und dann zu deinem und dann …«

Als der Mann das sagte, zeigte er auf einen nach dem anderen, ohne einen auszulassen, hundertmal.

»Und was würden alle eure Hilfeschreie, all eure Opfer erreicht haben? Nichts, nichts und noch mal nichts. Die Welt kehrt jeden Selbstmord so schnell wie möglich unter den Teppich, zu all dem anderen Unrat. Ihr wäret, wenn ihr wirklich Selbstmord verübt hättet, vergessen, und das Leben wäre normal weitergegangen. Sie hätten euch abgetan als Menschen, die nicht durchhalten können, die schlappmachen, die schwach sind, gebrechlich, geistig gestört, eben ein Betriebsunfall!

Aber Hunderte, Tausende Betriebsunfälle? Dann muß mit dem Betrieb irgend etwas nicht in Ordnung sein. Große Betriebe wie unsere Gesellschaft gehorchen nur dem Gesetz der großen Zahlen. Ein Selbstmord hier, ein Versuch da, das sagt ihnen nichts. Und deshalb haben wir euch hier zusammengebracht, um euch die Augen zu öffnen, um euch zu zeigen, daß nicht nur ihr es seid, daß ihr nicht allein seid. Um euch und jede einzelne Stimme zusammenzufügen zu *einem* Körper und zu *einer* Stimme, eure einsamen Schreie zusammenzuschmieden zu *einem* gemeinsamen Aufschrei, bei dem die Welt nicht taub bleiben kann.

Wenn diese Welt ein Platz ist, wo so viele junge Menschen nicht sein wollen und wo so viele nicht glücklich sind, dann ist diese Welt nicht das, was sie sein muß – ein bewohnbarer Planet. Dann muß sie sich verändern. Aber das tut sie nicht von selbst. Das tut sie niemals von selbst. Das tut sie nur, wenn sie dazu gezwungen wird.

Das ist es, was ihr tun könnt, tun müßt. Denn ihr seid diejenigen, die es fühlen, wissen, die dem Unglück direkt ins Gesicht gesehen haben. Ihr seid die, die die Augen offen haben. Die unzähligen Blinden dieser Welt haben eure Augen nötig, um sehen zu können, um zu erkennen, wohin das ›Raumschiff Erde‹ steuert, um zu helfen, den Kurs zu bestimmen. Sagt ihnen, schreit ihnen zu, wo es hin muß, wohin ihr müßt. Ändert euren Kurs nicht. Laßt euch nicht mehr irreführen, in eine Sackgasse treiben.«

Der Mann hatte Tränen in den Augen, aber in seiner Stimme klang Wut durch – Wut auf eine Welt, die unachtsam und unbesorgt das vernichtet, was sie gerade notwendig hat, um sich zu verändern und zu erneuern: Energie, Einsatz, Betroffenheit all der jungen Menschen, die keine Angst hatten, dem Tod ins Auge zu sehen.

»Da ist noch etwas, was ich euch sagen will«, sagte der Mann zum Schluß. »Jedesmal, wenn du doch wieder die Spur verlierst – und das wird zweifellos geschehen –, komme dann hierher zurück, in Gedanken oder wirklich. Du bist und bleibst, wo du auch sein magst, einer von uns.«

Noch lange, nachdem der Mann geendet hatte, blieb der Junge, der mit ihm gekommen war, in Gedanken versunken. Vieles von dem, was der Mann sagte, hatte er anfangs als geschwollenen Unsinn empfunden. Aber je mehr er darüber nachdachte, desto mehr hatte er das Gefühl, daß der Mann Dinge gesagt hatte, die man nicht so einfach beiseite schieben konnte. Dem Jungen wurde bewußt, daß er immer über seinen Selbstmord nachgedacht hatte als etwas, was nur ihn betraf. Aber nun realisierte er, daß mit ihm am gleichen Tag, vielleicht sogar zur gleichen Zeit überall in der Welt viele junge Menschen erwägen, dasselbe zu tun, vielleicht schon getan hatten. Wenn das so war, dann hatte der Mann recht, dann mußte mit der Welt etwas nicht in Ordnung sein statt mit ihm selbst. Und wenn das zuträfe, dann könnte man auch selbst etwas an der Welt verändern und dadurch das eigene Leben lebenswert machen.

Was den Jungen quälte, war das Gefühl, doch irgendwie von dem Mann betrogen worden zu sein. Er hatte das Gefühl, daß er mit einer Geschichte über einen blinden Freund an diesen Ort gelockt worden war, um ihn von seinem Selbstmord abzuhalten. Als der Mann dann aufstand und den Raum verlassen wollte, um schlafen zu gehen, konnte der Junge sich nicht länger zurückhalten. Er ging zu ihm und sagte: »Sie haben gar keinen blinden Freund, nicht wahr? Das war nur eine Lüge, um mich hierherzulocken, genauso wie Sie es mit all den anderen hier gemacht haben.«

Der Mann sah den Jungen lange und freundlich an, legte dann die Hand auf seinen Arm und sagte: »Ich habe – das hoffe ich wenigstens – einen Freund. Der Freund war bis vor kurzem blind, er kann nun wieder sehen, und ich habe alles Erdenkliche dafür getan. Ich hoffe, daß der Freund mir das vergeben wird.«

Es muß schon ganz schlimm kommen …

Langsam legte das Mädchen die letzte Seite neben sich und guckte sich um. Sie sah den Guru in einer Nische sitzen, im Schneidersitz. Vor ihm stand ein Tischchen, auf dem eine Anzahl dampfender Schüsseln mit den verschiedensten Gerichten stand, die er gemacht hatte. Der Guru wies mit seiner Hand einladend auf den Platz ihm gegenüber. Das Mädchen stand auf, ging zum Tisch, setzte sich und sah den Mann zärtlich an. »Sie haben – das hoffe ich wenigstens – nun eine Freundin.«

Der Mann sah sie eine Weile schweigend an, schüttelte dann seinen Kopf, als ob er damit nicht einverstanden war, und sagte: »Freundschaft entsteht erst dann, wenn du es wagst, etwas zu probieren, was ein anderer für dich bereitet hat. So, nun iß mal, du hast noch einen weiten Weg vor dir.«

Am nächsten Morgen, als das Mädchen seinen Rucksack schon umgeschnallt hatte und aufbrechen wollte, fragte der alte Mann mit einem herausfordernden Lächeln im Gesicht: »Na, weißt du nun, wie du gehen mußt?«

»Nicht genau«, antwortete das Mädchen, »aber ich glaube doch, daß ich es finde.«

Und während sie dem alten Mann ein verschmitztes Augenzwinkern zuwarf, meinte sie: »Übrigens, auch wenn ich den Weg verliere, es muß schon ganz schlimm kommen, sollte ich nicht jemanden treffen, der mir dann doch wieder auf den richtigen Weg hilft.«

Schluß

Einer der jungen Menschen, mit denen ich diesen Text – er war damals noch nicht als Buch gedruckt – bearbeitet habe, schrieb mir etwas später einen Brief.

»Ich weiß nun, daß ich nicht *das* Leben beenden muß, um *dieses* Leben zu beenden«, schrieb er. Wenn du am Ende dieses Buches noch nicht genau weißt, wie du aus diesem Leben in ein anderes Leben umsteigen kannst, dann nimm dieses Buch und gehe zu einem Freund, einer Freundin, einem Familienmitglied, einem Lehrer, einem Kollegen, einem Arzt, einem Nachbarn, einem Pastor. Es ist gleichgültig zu wem. Aber *gehe zu jemandem.* Lege das Buch in seine Hände und sage genau diese vier Worte: *»Lies und hilf mir.«*

Es muß schon wirklich ganz schlimm kommen, wenn das dann nicht der Anfang eines neuen Lebens ist.

Band 66313

Abigail Lipson
David N. Perkins

Blockiert

Nichts verbindet uns Menschen so sehr wie die Tatsache, daß wir allzuoft gegen unsere Absichten handeln: Ob die Diät nicht eingehalten wird, das Geld nach wie vor durch die Finger rinnt oder sich die unerledigte Arbeit stapelt: Die Sperren in unseren Köpfen sind stärker als alle guten Vorsätze. Die amerikanischen Psychologen Abigail Lipson und David N. Perkins haben die Blockaden in unseren Köpfen zum Gegenstand ihrer Forschung gemacht: Ihre „Theorie der kleinen Schritte" setzt nicht am schlechten Gewissen, sondern an der Macht der Gewohnheit an, denn nur die langsame, aber stetige Änderung der alten Angewohnheiten führt schließlich zum Erfolg: Das zu tun, was man will.

Band 66294

René Diekstra

Pflaster für die Seele

Es gibt Tage, an denen läuft einfach alles schief: die Arbeit geht nicht von der Hand, wegen Nichtigkeiten streitet man sich mit dem besten Freund, und selbst das Spiegelbild sieht unmöglich aus. Kein Wunder, wenn man dann schlecht gelaunt ist. Solche Alltagsdepressionen kennt jeder, doch manchmal glaubt man, daß es einem nie wieder gut gehen wird.

In solchen Situationen braucht man ganz besonderen Zuspruch, sozusagen Balsam für die Seele. Der Psychologe René Diekstra beschreibt in einfühlsamen und gut verständlichen Worten, wie man aus dem »schwarzen Loch« wieder herausfindet. Er erklärt deprimierten Menschen, wie lediglich eine andere Betrachtungsweise dazu führen kann, die Perspektiven grundsätzlich zu verändern, und zeigt dadurch einen Weg aus der Depression.

BASTEI LÜBBE

Band 66297

Manfred Müller-Berg

Mein Weg zu mir

Wer war ich und wer bin ich? Wenn Sie sich diese Fragen stellen und ganz wahrheitsgemäß beantworten, dann werden Sie auch wissen, was aus Ihnen in der Zukunft wird. Manfred Müller-Berg hilft Ihnen dabei, sich selbst, Ihrer ganz eigenen Persönlichkeit auf die Spur zu kommen. Indem Sie erkennen, was bisher schiefgelaufen ist, indem Sie Schwachpunkte, Störfaktoren und Fehleinstellungen entdecken, eröffnet sich die große Chance, Ihrem Leben eine neue, bessere Richtung zu geben.
Dieser Ratgeber zeigt Ihnen, wie Sie ganz einfach durch Überlegungen erkennen können, wie Sie zu dem wurden, was Sie sind, und wie Sie zukünftig mit sich und Ihrer Umgebung in Harmonie leben können.

Ratgeber

Als Band mit der Bestellnummer 66242 erschien:

Viele Menschen lassen ihr natürliches Potential an Leistungsfähigkeit und Möglichkeiten ungenutzt verkümmern – doch für einen positiven Neuanfang und ein gutes Lebenskonzept ist es nie zu spät.

BASTEI LÜBBE